大股东违规减持及其治理机制研究

Research on the Behavior of Large Shareholders' Illegal Reduction and Governance Mechanisms

吴先聪 著

经济管理出版社
ECONOMY & MANAGEMENT PUBLISHING HOUSE

图书在版编目（CIP）数据

大股东违规减持及其治理机制研究 / 吴先聪著. —北京：经济管理出版社，2021.2
ISBN 978-7-5096-7824-4

Ⅰ. ①大…　Ⅱ. ①吴…　Ⅲ. ①上市公司—股东—研究—中国　Ⅳ. ①F279.246

中国版本图书馆 CIP 数据核字（2021）第 038445 号

组稿编辑：宋　娜
责任编辑：张　昕　丁光尧
责任印制：黄章平
责任校对：董杉珊

出版发行：经济管理出版社
（北京市海淀区北蜂窝 8 号中雅大厦 A 座 11 层　100038）
网　　址：www. E-mp. com. cn
电　　话：（010）51915602
印　　刷：唐山昊达印刷有限公司
经　　销：新华书店
开　　本：720mm×1000mm/16
印　　张：16.75
字　　数：241 千字
版　　次：2021 年 3 月第 1 版　　2021 年 3 月第 1 次印刷
书　　号：ISBN 978-7-5096-7824-4
定　　价：98.00 元

第九批《中国社会科学博士后文库》编委会及编辑部成员名单

本书获得教育部人文社会科学规划项目“中国情境下大股东减持行为及约束机制研究”（项目批准号：**19YJA630089**）资助

序　言

博士后制度在我国落地生根已逾30年，已经成为国家人才体系建设中的重要一环。30多年来，博士后制度对推动我国人事人才体制机制改革、促进科技创新和经济社会发展发挥了重要的作用，也培养了一批国家急需的高层次创新型人才。

自1986年1月开始招收第一名博士后研究人员起，截至目前，国家已累计招收14万余名博士后研究人员，已经出站的博士后大多成为各领域的科研骨干和学术带头人。其中，已有50余位博士后当选两院院士；众多博士后入选各类人才计划，其中，国家百千万人才工程年入选率达34.36%，国家杰出青年科学基金入选率平均达21.04%，教育部"长江学者"入选率平均达10%左右。

2015年底，国务院办公厅出台《关于改革完善博士后制度的意见》，要求各地各部门各设站单位按照党中央、国务院决策部署，牢固树立并切实贯彻创新、协调、绿色、开放、共享的发展理念，深入实施创新驱动发展战略和人才优先发展战略，完善体制机制，健全服务体系，推动博士后事业科学发展。这为我国博士后事业的进一步发展指明了方向，也为哲学社会科学领域博士后工作提出了新的研究方向。

习近平总书记在2016年5月17日全国哲学社会科学工作座谈会上发表重要讲话指出：一个国家的发展水平，既取决于自然科学发展水平，也取决于哲学社会科学发展水平。一个没有发达的自然科学的国家不可能走在世界前列，一个没有繁荣的哲学社会科学的国家也不可能走在世界前列。坚持和发展中国特色社会主义，需要不断在实践中和理论上进行探索、用发展着的理论指导发展着的实践。在这个过程中，哲学社会科学具有不可替代的重要地位，哲学社会科学工作者具有不可替代的重要作用。这是党和国家领导人对包括哲学社会科学博士后在内的所有哲学社会科学领域的研究者、工作者提出的殷切希望！

中国社会科学院是中央直属的国家哲学社会科学研究机构，在哲学社会科学博士后工作领域处于领军地位。为充分调动哲学社会科学博士后研究人员科研创新的积极性，展示哲学社会科学领域博士后的优秀成果，提高我国哲学社会科学发展的整体水平，中国社会科学院和全国博士后管理委员会于2012年联合推出了《中国社会科学博士后文库》（以下简称《文库》），每年在全国范围内择优出版博士后成果。经过多年的发展，《文库》已经成为集中、系统、全面反映我国哲学社会科学博士后优秀成果的高端学术平台，学术影响力和社会影响力逐年提高。

下一步，做好哲学社会科学博士后工作，做好《文库》工作，要认真学习领会习近平总书记系列重要讲话精神，自觉肩负起新的时代使命，锐意创新、发奋进取。为此，需做到：

第一，始终坚持马克思主义的指导地位。哲学社会科学研究离不开正确的世界观、方法论的指导。习近平总书记深刻指出：坚持以马克思主义为指导，是当代中国哲学社会科学区别于其他哲学社会科学的根本标志，必须旗帜鲜明加以坚持。马克思主义揭示了事物的本质、内在联系及发展规律，是“伟大的认识工具”，是人们观察世界、分析问题的有力思想武器。马克思主义尽管诞生在一个半多世纪之前，但在当今时代，马克思主义与新的时代实践结合起来，越来越显示出更加强大的生命力。哲学社会科学博士后研究人员应该更加自觉地坚持马克思主义在科研工作中的指导地位，继续推进马克思主义中国化、时代化、大众化，继续发展21世纪马克思主义、当代中国马克思主义。要继续把《文库》建设成为马克思主义中国化最新理论成果宣传、展示、交流的平台，为中国特色社会主义建设提供强有力的理论支撑。

第二，逐步树立智库意识和品牌意识。哲学社会科学肩负着回答时代命题、规划未来道路的使命。当前中央对哲学社会科学愈加重视，尤其是提出要发挥哲学社会科学在治国理政、提高改革决策水平、推进国家治理体系和治理能力现代化中的作用。从2015年开始，中央已启动了国家高端智库的建设，这对哲学社会科学博士后工作提出了更高的针对性要求，也为哲学社会科学博士后研究提供了更为广阔的应用空间。《文库》依托中国社会科学院，面向全国哲学社会科学领域博士后科研流动站、工作站的博士后征集优秀成果，入选出版的著作也代表了哲学社会科学博士后最高的学术研究水平。因此，要善于把中国社会科学院服务党和国家决策的大智库功能与《文库》的小智库功能结合起来，进而以智库意识推动品牌意识建设，最终树立《文库》的智库意识和品牌意识。

第三，积极推动中国特色哲学社会科学学术体系和话语体系建设。改革开放30多年来，我国在经济建设、政治建设、文化建设、社会建设、生态文明建设和党的建设各个领域都取得了举世瞩目的成就，比历史上任何时期都更接近中华民族伟大复兴的目标。但正如习近平总书记所指出的那样：在解读中国实践、构建中国理论上，我们应该最有发言权，但实际上我国哲学社会科学在国际上的声音还比较小，还处于"有理说不出、说了传不开"的境地。这里问题的实质，就是中国特色、中国特质的哲学社会科学学术体系和话语体系的缺失和建设问题。具有中国特色、中国特质的学术体系和话语体系必然是由具有中国特色、中国特质的概念、范畴和学科等组成。这一切不是凭空想象得来的，而是在中国化的马克思主义指导下，在参考我们民族特质、历史智慧的基础上再创造出来的。在这一过程中，积极吸纳儒、释、道、墨、名、法、农、杂、兵等各家学说的精髓，无疑是保持中国特色、中国特质的重要保证。换言之，不能站在历史、文化虚无主义立场搞研究。要通过《文库》积极引导哲学社会科学博士后研究人员：一方面，要积极吸收古今中外各种学术资源，坚持古为今用、洋为中用。另一方面，要以中国自己的实践为研究定位，围绕中国自己的问题，坚持问题导向，努力探索具备中国特色、中国特质的概念、范畴与理论体系，在体现继承性和民族性、体现原创性和时代性、体现系统性和专业性方面，不断加强和深化中国特色学术体系和话语体系建设。

新形势下，我国哲学社会科学地位更加重要、任务更加繁重。衷心希望广大哲学社会科学博士后工作者和博士后们，以《文库》系列著作的出版为契机，以习近平总书记在全国哲学社会科学座谈会上的讲话为根本遵循，将自身的研究工作与时代的需求结合起来，将自身的研究工作与国家和人民的召唤结合起来，以深厚的学识修养赢得尊重，以高尚的人格魅力引领风气，在为祖国、为人民立德立功立言中，在实现中华民族伟大复兴中国梦的征程中，成就自我、实现价值。

是为序。

中国社会科学院副院长

中国社会科学院博士后管理委员会主任

2016 年 12 月 1 日

摘　要

中国资本市场自建立以来，就在法治化、市场化道路上摸索着前行，新时代资本市场的发展更是要求强化监管力度、规范市场行为。具有中国特色的"大小非"解禁、IPO限售股解禁等政策助推了大股东减持浪潮，由此带来的股价波动引发了一系列经济问题和社会问题。为了促进证券市场健康发展，证监会先后出台了《关于上市公司大股东及董事、监事、高级管理人员6个月内不得通过二级市场减持本公司股份的通知》《上市公司大股东、董监高减持股份的若干规定》等一系列规章制度用以规范大股东减持行为。然而，资本市场上的违规减持仍然不断涌现，极大损害了中小投资者利益。因此，本书在深入分析大股东减持制度背景和现状的基础上，探究了大股东减持行为机理，实证检验了公司内外部治理机制对大股东违规减持的监督作用，并根据实证检验结果对完善公司治理机制以约束大股东减持行为提出了对策建议。

除第一章绪论和第九章结语外，全书正文部分有七章内容。

第二章，介绍了本书的理论基础，并对已有相关研究进行了综述。当股权集中时，企业大股东利用其控制权掌握股东大会，通过对董事会、监事会以及管理者的任免而集控制权、执行权和监督权于一身，使自身行为凌驾于监督制衡机制之上，实现违规减持套现，从而损害了中小股东利益。公司治理的一个重要方面就是大股东与中小股东之间的委托代理问题。本章首先分析了与本书相关的主要理论，接着对已有研究进行了梳理。

第三章，介绍了我国上市公司大股东减持的制度背景，分析了减持现状。股权分置改革拉开了大股东大规模减持的序幕，创业板IPO解禁助推了大股东减持的浪潮。自2005年以来，监管部门发布了一系列规范大股东减持的规章制度，对大股东违规减持起到了一定的威慑作用。但由于“减持规定”存在漏洞且执行不严、缺乏其他治理机制的配合等，违规减持依然屡禁不止，破坏了市场秩序。

第四章，机构投资者影响大股东减持时机选择的实证研究。以2012~2016年我国A股上市公司为样本，采用事件研究法和多元回归法，探究机构投资者的投资行为是否会影响大股东减持的时机选择，检验了机构投资者在大股东减持过程中的投资决策是否受公司产权性质的影响。研究结果发现，大股东减持公告前后累计超额收益率呈先升后降的倒V形，存在明显的时机选择行为；机构投资者买入组样本中大股东减持所获超额收益率高于机构投资者卖出组大股东获取的超额收益率。而且，机构投资者买入行为更利于国有公司大股东高位减持，机构投资者卖出行为更能降低非国有公司大股东利用减持股份获取超额收益。

第五章，独立董事制度与大股东违规减持的实证研究。以2012~2018年我国A股上市公司为样本，探讨了独立董事能否有效抑制大股东违规减持。从独立董事的比例、专业性、尽职程度三个维度，深入探讨大股东的控制权特征、多层次资本市场特征，研究独立董事制度对大股东侵占行为的监督作用。研究结论表明，独立董事制度对大股东违规减持行为有显著的抑制作用，其中，越具有法律专长的独立董事和参加会议的次数越多的独立董事，越可能降低大股东的违规减持行为。而且，独立董事能显著降低非控股股东的违规减持，而对控股股东的违规减持的监督作用不显著；相对其他市场，独立董事在主板市场的监督效果更明显。

第六章，媒体关注与大股东违规减持的实证研究。以2012~2018年我国A股上市公司为研究样本，实证检验了媒体关注度对上市公司大股东违规减持的影响，进而检验了媒体关注对控股股东和非控股股东违规减持行为的监督效果的差异，以及在不同层次市场发挥的监督作用的差异。研究结果表明，上市公司受到的媒体关注度越高，大股东进行违规减持的可能性越低。相对于控股股东，媒体关注更可能抑制非控股股东的违规减持；同时，相对于其他市场，媒体关注在主板市场发挥了更好的监督作用。

第七章，“减持规定”与大股东违规减持的实证研究。以2013~2018年我国A股上市公司为研究样本，实证检验了“减持规定”颁布对大股东违规行为的约束效果，并比较了2017年“新规”与2016年“旧规”的政策效果的差异。研究结果表明，“减持规定”对大股东违规减持的比例和数量有较显著的抑制作用，但没有降低违规减持发生的可能性；“新规”比“旧规”的效果稍显著；“减持规定”能显著降低非控股大股东违规减持的比例和数量，但未能降低控股大股东违规减持的比例和数量；“减持规定”能显著降低中小板公司大股东违规减持的比例和数量，但在其他市场未能发挥相同的作用。

第八章，规范大股东减持的内外部治理机制建议。从股东监督机制、独立董事制度、媒体关注和法律法规四个方面提出完善公司内外部治理机制的建议。合理发展和引导机构投资者进行价值投资，培养个体投资者的投资能力，赋予他们特殊权利以完善股东监督机制。完善独立董事任命和提名、激励机制和约束机制设计等。从立法层级、禁售“窗口期”、减持比例、建立差异化减持制度、执法力度等方面提出了建议，以完善法律监管的“硬约束”。从充分发挥媒体监督的积极作用、建立奖惩制度、提高媒体独立性和专业性等方面提出了建议，以加强媒体监管的“软约束”。

关键词： 大股东；违规减持；机构投资者；独立董事；媒体关注；减持规定

Abstract

Since the establishment of the Chinese capital market, it has been groping alone the road of legalization and marketization. The development of the new era capital market requires strengthening supervision and regulating market behavior. With the reform of state-owned enterprises, the policies of unlocking the non-tradable share with Chinese characteristics and lifting of bans on IPO restricted shares has boosted the wave of large shareholders' reduction, and the resulting stock price volatility has caused a series of economic and social problems. In order to promote the healthy development of the securities market, the CSRC has successively issued a series of rules and regulations such as *No. 18 Document*, *Certain Provisions of the Large Shareholders* and *Directors of the Listed Company* to regulate the shareholding reduction of large shareholders. However, illegal reduction in the capital market continue to emerge, greatly damaging the interests of small and medium-sized investors. Therefore, based on an in-depth analysis of the institutional background of large shareholders' reduction and the status quo of reduction, this paper deeply explores the mechanism of the shareholder's reduction behavior, empirically tests the supervision role of the internal and external governance mechanism of the company on illegal reduction of large shareholders, and proposes countermeasures of improving the corporate governance mechanism to restrict the shareholder's reduction behavior based on the empirical test results.

In addition to the first chapter introduction, the book consists of seven chapters.

The second chapter introduces the theoretical basis of the research and summarizes the existing research. When the equity is concentrated in the actual controller, as the large shareholder of the enterprise, he can control the shareholders' general meeting by his control power, and he can combine the control power, the executive power and the supervisory power through the appointment and removal of the board of directors, the board of supervisors and the managers, to make their own behavior above the mechanism of supervision and balance, so as to achieve the illegal reduction, to the detriment of the interests of minority shareholders. An important aspect of corporate governance is the issue of principal-agent between large shareholders and minority shareholders. This chapter first analyzed the main theories related to this research, then made literatures review.

The third chapter introduces the institutional background of large shareholders' reduction and analyzes the current situation of reduction. The split share structure reform has caused large shareholders to start large-scale reduction, and the lifting of the ban on the GEM IPO has boosted the wave of large shareholders' reduction. Since 2005, the regulatory authorities have issued a series of rules and regulations to regulate the reduction of large shareholders. Due to loopholes in the regulations and lax implementation, and the lack of coordination of other governance mechanisms, illegal reduction have continued to emerge, which undermined market order.

The fourth chapter is an empirical study of institutional investors' influence on the timing of large shareholders reduction. Using the data of A-share listed companies in China from 2012 to 2016, it is explored whether the investment behavior of institutional investors will affect the timing of large shareholders' reduction by the event study method and multiple regression method. In further research, it was examined whether the role of institutional investors in the process of large shareholders' reduction is affected by the nature of the company's property rights. The research results show that the cumulative excess return rate before and after the announcement of large shareholders' reduction showed an inverted "V" shape, which shows that there is obvious timing choice behavior; We found that the excess return rate of the large shareholder in the institutional investor buy-in group sample is higher than that of the institutional investor sell group. Further research found that the institutional investors' buying behavior of state-owned listed companies is more conducive to the large shareholder's high-holding reduction, and the institutional investors' selling behavior of non-state-owned listed companies can reduce the excess return rate obtained by the large shareholders using the share-holding transaction.

The fifth chapter is an empirical study of the independent director system to prevent the illegal reduction of large shareholders. Based on the sample of the reduction of Chinese A-share listed companies in 2012-2018, we discussed whether independent directors can effectively curb the large shareholders' illegal reductions. Using the independence, professionalism and due diligence degree of independent directors to measure the effectiveness of the independent director system, to explore whether the independent director system can inhibit the violation of large shareholders, and analyze the mechanism of the independent director system on the basis of distinguishing the nature of different shareholders. The conclusions of the study indicate that the independent directors have a significant supervisory effect on the large shareholder's illegal reduction. Among them, independent directors with legal expertise and independent directors who participate in more meetings are more likely to curb the possibility of the large shareholder's illegal reduction and reduction proportion. Moreover, it was found that independent directors can significantly reduce the non-controlling shareholder's illegal reduction, but the effect on the controlling shareholder's illegal reduction is not significant; compared to other market, the independent directors have a stronger supervision effect in the main board market.

The sixth chapter is an empirical study of the media oversight of the large shareholders' illegal reduction, taking the A-share listed companies in China from 2012 to 2018 as the research sample. The data empirically tested the impact of media attention on the illegal reduction of large shareholders of listed companies. Further research examined the differences in the supervision effect of media attention on the illegal reduction behavior of controlling shareholders and non-controlling large shareholders, also examined whether the media's monitoring role in different markets is different. The results of the study show that the higher the media attention of listed companies, the lower the probability of illegal reduction of large shareholders. Compared with the controlling shareholder, the media attention is more likely to curb the non-controlling shareholder's illegal reduction; at the same time, relative to other market, the media focus on playing a better supervisory role in the main board market.

The seventh chapter is an empirical study of the "Reduction Regulations" to restrict the large shareholders' illegal reduction. Taking the A-share listed companies in China from 2013 to 2018 as the research sample, the paper empirically tested the inhibitory effect of the "Reduction Regulations" on the illegal reduction of large shareholders. Furthermore, the effect difference between New Reduction Regulation in 2017 and Reduction Regulations in 2016 was compared. The empirical results show that the "Reduction Regulations" has a significant inhibitory effect on the proportion and number of large shareholders' illegal reduction, but it does not reduce the probability of illegal reduction; The effect of New Regulations on Reduction in 2017 is slightly more significant than Reduction Regulations in 2016; the "Reduction Regulations" have a significant constraint on the proportion and number of non-controlling large shareholders' illegal reduction, but they have not effectively reduced the proportion and number of controlling shareholders' illegal reduction; the "Reduction Regulations" can greatly reduce the proportion and number of large shareholders' illegal reduction of small and medium-sized board companies, but they have not played an active role in other market.

The eighth chapter is the recommendations for improving the internal and external governance mechanisms for the reduction of large shareholders, mainly including the shareholder supervision mechanism, independent director system, media attention and laws and regulations. To improve the mechanism of shareholder supervision and balance, the institutional investors should be led to carrying on value investment, the individual ones be cultivated to master the investment ability, and some special rights be given to them. From the respect of independent director system, it should be improved from the aspects of appointment and nomination of independent directors, incentive mechanism and design of restraint mechanism. From the aspect of legislation, the "hard constraints", some suggestions are tabled, such as setting "window period" of banning sales, reducing large shareholders' shareholding ratio, establishing the different reduction systems and strengthening law enforcement power. From the aspect of medial supervision, the "soft constraints", its independence and profession should improved and its reward and punishment mechanism be established to give full play its supervisory role.

Key Words: Large Shareholders; Illegal Reduction; Institutional Investors; Independent Director; Media Attention; Reduction Regulations

目　录

Contents

第一章 绪 论

第一节 选题来源及意义

一、选题来源

自 2005 年公布股权分置改革到现在，中国资本市场的动荡起伏引发了一系列经济问题和社会问题，特别是 2015 年股灾给大量中小投资者造成惨重损失，而学术界和实务界越来越多地将股市波动的诱因指向上市公司大股东减持的涌现，即公司大股东的减持行为。随着国企改革的深化与股权分置改革政策的出台，具有中国特色的“大小非”解禁助推了大股东减持现象；同时，创业板高管持股逐步解禁也加速了大股东减持。若合理合规减持也无可厚非，但很多大股东恶意减持套现，他们常常与市场炒家联手炒作、高位套现，以股权质押方式套利或借助高送转手段进行高位减持，上演了一幕幕精准减持、顶格减持、清仓式减持、“过桥”减持、“变脸”减持等规避管制的戏法。一些大股东甚至违规减持，一是信息披露违规，包括未披露、披露不及时、披露不真实等；二是减持时间和比例违规，包括在禁止交易的窗口期减持、减持比例和价格不合规等。大股东恶意减持和违规减持的行为破坏了市场稳定和投资者信心，由此带来的股价波动引发了一系列经济问题和社会问题。为了促进证券市场健康发展，保护中小投资者的利益，中国证券监督管理委员会（以下简称证监会）先后出台了《关于上市公司大股东及董事、监事、高级管理人员6个月内不得通过二级市场减持本公司股份的通知》（以下简称“18号文”）、《上市公司大股东、董监高减持股份的若干规定》[①]等一系列规章制度，以规范大股东减持行为。然而，在证监会颁布一系列“减持规定”约束和规范大股东减持行为后，资本市场上的违规减持行为仍然不断涌现。例如，维维股份（股票代码600300）大股东2017年10月违规转让不能转让的近10%公司股份，这是典型的大股东“过桥式”减持；嘉澳环保（股票代码603822）控股股东桐乡市顺昌投资有限公司2017年底至2018年初违规减持可转换债券占公司总可转换债券的10%，获利1311万元之多；冀凯股份（股票代码002691）某大股东持股占公司已发行股份的11.27%，2018年5~7月违规卖出公司已发行股份的6.98%。大股东违规减持的案例数不胜数，极大损害了中小投资者的利益。

其实，中国资本市场自建立以来，就在法治化、市场化的道路上摸索前行，新时代资本市场的发展更是要求加强市场监管。尤其是2019年12月28日，第十三届全国人大常委会第十五次会议审议通过了修订后的《中华人民共和国证券法》（以下简称新证券法），已于2020年3月1日起施行。新证券法要求加强市场监管、提高证券违法违规成本，同时也完善了上市公司股东减持制度和投资者保护制度，体现了我国资本市场市场化、法治化和国际化的发展方向。

大股东违规减持行为屡禁不止蕴藏着多方面的原因：其一，大股东可以从减持中获取私利；其二，公司内外部治理机制没有充分发挥作用；其三，这些法律法规的威慑力和执行力相对有限，未能真正解决问题。因

① 2016年1月7日和2017年5月26日分别出台了《上市公司大股东、董监高减持股份的若干规定》和《上市公司股东、董监高减持股份的若干规定》，本书将2016年出台的规定简称“旧规”，2017年出台的规定简称“新规”。这两年出台的规定统一简称“减持规定”。

此，本书拟从主观和客观双重视角，理论分析大股东减持行为机理，实证检验公司内外部治理机制对大股东违规减持的抑制作用，以及探讨大股东违规减持对资本市场股价波动的影响。为保护中小投资者利益不受大股东减持行为侵占，根据理论分析和实证检验结果提出约束大股东减持行为的政策建议。

近年来，从经济学、管理学和法学视角围绕大股东减持的研究不断涌现，大股东减持损害外部投资者的利益成为重要的研究逻辑。基于已有研究，一些看似简单却极具挑战性的深层次问题逐渐引起人们的重视。首先，大股东减持的真正动机是什么？是个人行为还是公司一致行为？以及我国特殊的制度背景对大股东减持的动机和行为有什么影响？其次，机构投资者是中小股东中的成员，其参与公司治理是非正式内部治理机制的组成部分，机构投资者在自身利益机制的驱使下，客观上具备了行使监管的条件。已有研究往往将机构投资者交易行为与大股东减持行为视为割裂的两个过程，忽视了两者的联系与相互博弈的过程。事实上，机构投资者既有可能预先与大股东合谋，也有可能采取措施阻止大股东投机减持，对于两者的互动过程有待深入挖掘。再次，作为外部监督机制的独立董事，对上市公司及全体股东负有诚信与勤勉义务，应当关注中小股东的合法权益不受损害，对公司大股东违规减持行为发挥监督职能。独立董事制度作为公司内部治理机制中正式制度的组成部分，其作用的发挥不仅受制度本身完善程度的影响，还取决于整个治理机制，包括正式治理机制和非正式治理机制的制约和影响。而且，媒体是舆论监督的主体，凭借敏锐的嗅觉和职业特色，信息披露机制比较完善的媒体可以介入减持事件发展的全过程，对违规减持行为及时曝光，在全社会范围内引起广泛影响，包括投资者、潜在的投资者和其他利益相关者。另外，法律法规是约束和规范大股东减持行为的最具强制力的手段，其监管作用贯穿于事件始末，在事件尾声或事态极端严重时会强行介入，多数情况下具有威慑作用。最后，本书还讨论了这些公司治理机制是否能缓解大股东违规减持对资本市场的影响。

二、选题意义

随着我国资本市场的不断发展，由于相应的管理体制和治理机制变革没有跟上快速的市场发展进程，暴露出一系列经济问题和社会问题，上市公司大股东恶意减持股份引发的市场波动给中小投资者带来巨大损失的问题是近几年讨论的热点。大股东依法合规减持无可厚非，但有些大股东，特别是原始股东，将公司包装上市的目的就是圈钱，为了套取高额利润不择手段，如恶意减持套现、精准减持退出等，这种违规行为严重破坏了证券市场的秩序，损害了中小投资者的利益，阻碍了资本市场的健康发展。

为了促进证券市场健康发展，保护中小投资者的利益，本书试图基于我国制度背景，探讨公司内外部治理机制对大股东违规减持行为的制约作用，并根据实证检验结果提出完善公司内外部治理机制的政策建议。本书成果对完善中小投资者保护制度具有理论和实践意义。

本书的理论意义主要体现在三个方面：第一，为了资金流动性，一般股东减持是正常现象，但公司控股股东、实际控制人或原始股东减持，其背后一定有神秘动机。大股东正常减持不会引起市场动荡，但其违规减持就会给中小投资者造成利益损失。基于中国特定的制度背景（经济政策、法律体系以及产权制度等），本书将采用减持动机理论进行分析和推论，识别大股东减持动机，窥视其减持时机的选择，从而揭示大股东减持本质，剖析大股东侵占外部投资者利益的深层路径，为完善资本市场治理机制提供理论依据；为完善公司治理机制提供新的证据和理论支持，也为减持动机的理论研究提供大量铺垫。第二，在不完全的资本市场，由于股票价格没有真实反映公司内在价值，基于信息不对称理论，大股东试图利用信息优势从减持中牟取私人利益。为了减少信息不对称给外部中小投资者带来的损失，基于信息传播约束公司大股东的信息经济学假设，本书将探讨具有信息优势的机构投资者的角色，检验机构投资者的行动是否能加速信息传递、提高市场信息含量、降低大股东的违规减持，从而改善公司治理、提高企业内在价值，本书将为补充市场有效交易渠道提供理论和实证依据。第三，为了保护投资者的利益，除了完善资本市场治理机制和公司治理机制外，法律环境尤为重要。实证检验现有法律对大股东违规减持的约束，大股东从败德行为中获取收益，同时也面临诉讼风险和执法风险，违规行为一旦暴露，其个人财富和声誉将受到严重打击。本书将为完善法律法规对大股东违规行为的约束机制提供理论支撑。

在实践中，本书对资本市场、公司治理和法律监管方面分别具有以下重要指导意义：

对于资本市场而言，本书结论为资本市场规范制度提供参考依据，帮助其稳定市场、防止股价崩盘。同时，帮助市场识别大股东减持动机，捕捉减持的时机选择，促使市场及时披露信息，提高公司股票价格反映市场信息的质量和效率，从而有利于外部投资者对未来股价变动趋势做出科学合理的预测，帮助外部投资者对上市公司的真实价值做出合理判断，以做出有利于自身的投资决策。

对于公司治理而言，本书结论对于改进上市公司的股权结构和治理结构具有非常重要的现实意义。机构投资者作为除内部大股东以外更可能的知情交易者，对于外部其他小股东来讲，他们的信息传递作用不容忽视。本书能够帮助政策制定者在大力发展机构投资者战略时正确定位机构投资者的角色，优化机构投资者契约设计，使其最大限度地代表中小投资者利益，充分发挥机构投资者的监督作用，提高公司治理水平。

对于监管部门而言，对大股东减持行为的研究为监管部门制定保护中小投资者政策提供强有力的经验证据。为监管部门加强资本市场交易规则、信息披露、公司治理等重要领域的监督和管理提供实质性的帮助，为进一步完善上市公司大股东的减持制度提供合理的法规政策建议。同时，也有助于监管部门对大股东减持动机进行合理判断，使上市公司资本得到优化配置，以减少股票市场的投机行为。因此，本书为法律主体和法律客体之间的相互影响关系提供依据，有助于监管部门制定规范大股东减持行为的长效机制，维护中国证券市场的正常秩序，促进股票市场的健康发展。

综上所述，本书具有重要的理论和现实意义。

第二节　研究内容、方法与思路框架

本书拟从主观和客观双重视角，理论分析大股东减持行为机理，实证检验公司内外部治理机制对大股东违规减持的抑制作用，以及探讨大股东违规减持对资本市场股价波动的影响。为保护中小投资者利益不受大股东减持行为侵占，根据理论分析和实证检验结果，提出约束大股东减持行为的政策建议。

一、研究内容

在梳理已有研究和理论分析的基础上，本书详细分析我国上市公司大股东减持的现状，据此研究了公司内外部治理机制对大股东违规减持的约束作用，并探讨了公司治理机制是否缓解大股东违规减持导致的股价崩盘。具体内容如下：

第一，机构投资者与大股东减持时机选择。以沪、深 A 股上市公司发生的大股东减持事件为研究样本，利用事件研究法探究大股东减持是否存在时机选择，并在此基础上讨论机构投资者的投资行为对大股东减持时机选择的影响。为控制其他因素对股票超额收益率的影响，进一步验证大股东减持公告前机构投资者交易行为对累计收益率的影响，本书采用多元回归分析法再次检验前面的结论。

第二，独立董事与大股东违规减持行为。以我国 A 股上市公司减持事件为研究样本，探讨了独立董事能否有效抑制大股东违规减持。研究结论表明，独立董事占比越高，公司中大股东违规减持的可能性和比例越小。更进一步的研究表明，越具有法律专长的独立董事和参加会议次数越多的独立董事越可能抑制大股东违规减持的可能性和比例。同时，本书研究了独立董事对不同大股东违规减持行为的影响，以及独立董事对不同板块上市公司中大股东违规减持行为的影响。

第三，媒体关注与大股东违规减持行为。随着股权分置改革后非流通股陆续解禁，大股东减持行为开始盛行，其牟取私利的减持行为受到投资者和监管者的广泛关注。媒体对于减持来说是一把双刃剑，有研究指出，上市公司可能会与媒体“合谋”，在减持前放出利好消息，创造减持时机，但也有研究表明，媒体的关注和监督能够作为代替机制。本书从媒体监督的角度出发，以我国上市公司为研究样本，手工搜集媒体关注度和大股东违规减持的数据，用倾向评分匹配法（Propensity Score Matching，PSM）匹配实验组（违规减持组）与对照组（正常减持组）的数据，实证检验了媒体关注度对上市公司大股东违规减持的影响。

第四，法律法规对大股东违规减持的约束效果。为了规范大股东减持行为，证监会 2016 年、2017 年连续两年发布了“减持规定”。减持政策法规是针对违规无序的大股东减持颁布的，但是，上有政策，下有对策，“减持规定”实施后，很快就出现了挑战“规定”的各种新的减持手段。为了验证“减持规定”的实施效果，本书研究了“减持规定”颁布前后大股东违规减持行为发生的概率、比例和数量的变化，以探讨监管法规的颁布对大股东减持行为的规范作用，然后对比分析了 2016 年和 2017 年两次“减持规定”的政策效应。

第五，完善公司内外部治理机制以规范大股东减持行为的对策建议。为了减少大股东违规减持行为，保护中小投资者的利益，必须完善公司内外部治理机制，本书从股东监督、独立董事制度、媒体关注和法律法规四个方面，提出完善公司内部和外部治理机制的建议，并强调各个机制之间必须相互作用、互相补充、协力合作才能实现监督大股东违规减持的效果。

二、研究方法

为了探究大股东减持机理、时机选择以及现有公司内部和外部治理机制对大股东违规减持的制约作用，采用了定性分析与定量分析相结合、理论分析和实证研究相结合的研究方法。

（一）文献研究法

通过搜集与大股东减持相关的文献，对此进行深入研究，以探明大股东减持的动机、方式和影响因素等，并从中推导出本书的研究假设。通过文献研究，厘清大股东减持的发展历程和未来发展趋势，揭示大股东减持的本质，挖掘抑制大股东违规减持的公司内部和外部治理机制。

（二）事件研究法

以减持交易日为基点，确定事件窗口期和事件估计期，并以股价日报酬率估算其预期报酬率，再通过实际报酬与预期报酬之差额，观察大股东减持事件发生前后和公布前后累计收益率的变化，分析减持事件是否给大股东带来异常报酬，以此分析大股东减持时机的选择，揭示大股东通过违规减持侵占中小投资者利益的机理和路径。

（三）多元回归分析法

以中国上市公司为研究对象，用多元回归的实证研究方法，研究公司治理机制对大股东减持时机、比例和是否违规减持的影响，即机构投资者买卖策略、独立董事特征、媒体曝光以及法律法规的颁布对大股东违规减持的抑制作用，深入分析公司治理机制对控股股东和非控股股东约束作用的不同，以及公司治理机制对主板、中小板、创业板上市公司大股东违规减持作用的差异。

三、思路框架

本书的研究思路如图 1-1 所示。

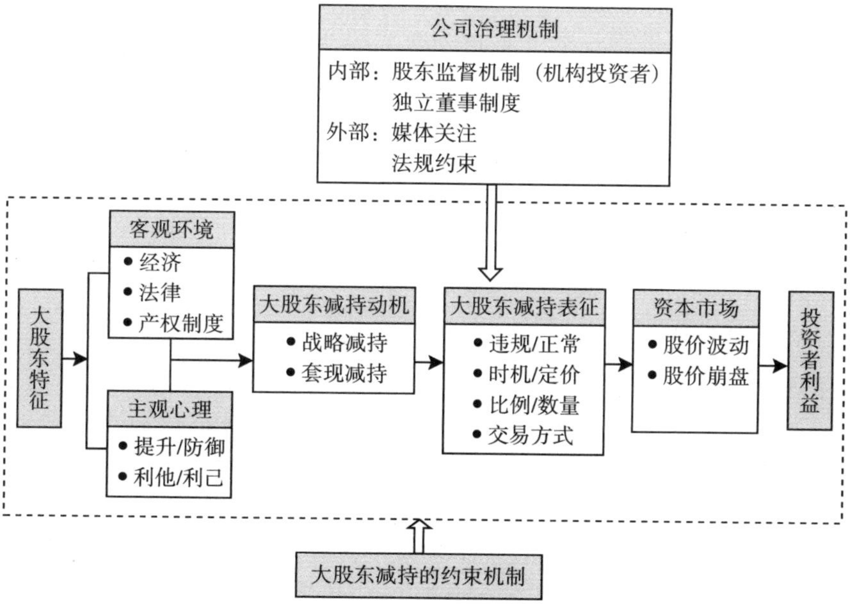

图 1-1　本书研究思路

第三节　研究创新与不足

一、研究创新之处

本书注重多学科交叉研究，运用管理学、心理学、法学和经济学等学科的相关理论，以保护中小投资者利益为核心，遵循行为—后果—防范机制的研究范式，基于中国情境揭示大股东减持的前端因素，透视其减持过程和后果，检验了目前公司内外部治理机制对大股东违规减持是否有约束作用，并根据实证检验结果为完善大股东减持机制提出了对策建议。本书的主要贡献有以下几个方面：

第一，与已有研究不同，本书利用事件研究法深入大股东减持过程，讨论大股东减持前机构投资交易行为对大股东减持时机选择的影响，并探讨不同产权属性上市公司机构投资者的投资行为（买入或卖出）对大股东减持时机决策的影响，揭示制度背景对公司治理的影响。

第二，以前的研究主要探讨大股东减持的动机、方式等，本书主要研究公司内外部治理机制对大股东违规减持的约束作用，即机构投资者投资决策、独立董事制度、媒体关注度和“减持规定”对大股东违规减持的影响，并从大股东违规减持概率、比例和数量三个维度，讨论治理机制对大股东违规减持的制约效果。研究过程中，除了数据库下载的数据外，还手工搜集了大股东违规减持事件的相关指标、各大媒体对上市公司大股东减持的报道量等数据资料。

第三，处于股权结构不同地位的股东，其对公司的控制能力、信息的获取能力等不同，监督机制对其违规减持的约束效果也可能不同，本书检验了公司内外部治理机制对控股大股东和非控股大股东违规减持的监督效果。

第四，基于我国多层次资本市场特征，本书剖析了不同板块大股东减持特征，研究了公司治理机制对不同板块上市公司发挥的作用，可以为监管部门规范不同层级市场提供经验证据。

二、研究不足之处

第一，研究方法方面。本书的研究基本上是利用大样本的二手数据进行的，研究方法相对单一，缺少现场访谈和案例研究。现场访谈可以更清晰地揭示大股东违规减持的动机本质；案例研究可以展示大股东减持的全过程，深入分析减持过程的每个细节，例如，股东类别、减持动机、时机选择、减持方式和减持数量等，以后可以做深度案例研究。

第二，研究深度方面。没有深入讨论大股东违规减持对市净率和公司内部价值及其持续经营能力的影响。

第三，研究范围方面。由于一些数据是手工搜集，工作量较大，因而样本涵盖期间只有 7 年，以后的研究可以拓展到 10 年以上。另外，本书主要从经济学和管理学视角分析了大股东减持制度背景、现状和机理，检验了公司内外部治理机制对大股东违规减持的约束作用，没有从法学视角分析规制大股东减持行为的法理正当性。

第四节 概念界定

一、大股东减持

根据《中华人民共和国公司法》（以下简称《公司法》）、《中华人民共和国证券法》（以下简称《证券法》）以及证监会最新发布的《上市公司股东、董监高减持股份的若干规定》对上述两法的细化，我国规制的并不是上市公司所有股东减持其全部种类股份的行为，而是有针对性地强调了控股股东、大股东以及董监高（即董事、监事、高级管理人员）这几类身份较为特殊的股东，首次公开发行前的股份、上市公司非公开发行的股份两种特殊股份，以及通过司法强制执行、执行股权质押协议、赠与、可交换债转股、股票权益互换来减持股份的几类特殊行为。我国 A 股市场限售股票的类型如图 1-2 所示。

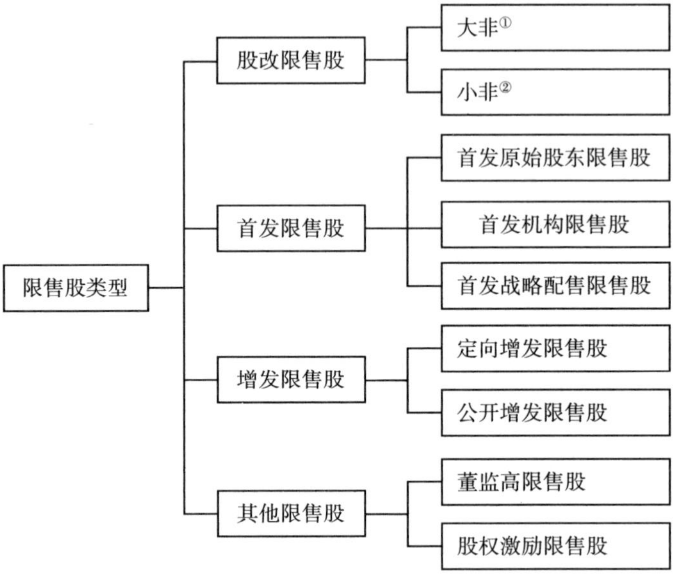

图 1–2　股东限售股类型

“减持”，是指上市公司股东通过证券交易市场抛售、转让自己手中持有的股票的行为。本书的“大股东减持”，是指上市公司中持有公司已发行股份 5%以上的股东（不含董监高）通过证券交易市场转让所持股份的行为。

二、违规减持与正常减持

本书将那些受到证监会处罚的大股东减持行为界定为违规减持，包括超比例减持，禁售期内减持，减持中有信息披露问题、内幕交易或其他禁止转让股份的行为。除违规减持以外的大股东转让股份的行为被界定为正常减持。

---

①“大非”指的是在上市公司非流通股票中，占比超过 5%的非流通股票。
②“小非”指的是在上市公司非流通股票中，占比小于 5%的非流通股票。

第二章　理论基础与文献综述

第一节　理论基础

公司治理理论是治理理论在管理学领域的进一步发展，是以代理理论、契约理论等为基础，由资本市场实践推动得以形成和发展的理论。其核心问题是在两权分离条件下，以适当的机制安排解决代理问题，完成公司控制权和剩余索取权的配置并得以制衡，从而保证公司目标得以实现。当股权向实际控制人单方向集中时，企业的大股东利用其控制权掌控股东大会，通过对董事会、监事会以及管理者的任免，而集控制权、执行权和监督权于一身，使自身行为凌驾于监督制衡机制之上，从而违规减持套现，损害其他利益相关者的利益。

一、委托代理理论

委托代理理论是现代企业理论的重要组成部分，它主要探讨在信息不对称、契约不完备以及外部环境不确定的情况下，委托人如何规避代理人的“道德风险”和“逆向选择”问题，其核心是如何以一定的监督成本来控制代理人的行为，使代理人的行为能与委托人的利益最大化相一致（Jensen and Meckling，1976）。代理问题的产生，一方面是由于信息不对称为代理人的机会主义提供了条件，另一方面是由于监督成本的存在使委托人难以实现有效监督。委托代理理论分为代理成本理论和委托代理理论两个分支。代理成本理论从代理成本入手，来分析代理人和委托人的关系，以 Jensen 和 Meckling（1976）为代表；委托代理理论则从委托人效用最大化及其约束条件的角度入手，分析委托人和代理人的关系，主要代表人物有 Grossman 和 Hart（1980）等。在委托代理关系中，代理人掌握了委托人不了解的信息，包括市场信息、公司内部信息和私人信息等，基于理性经济人假设，拥有信息优势的代理人会寻求机会牟取私人利益，从而引发一系列代理冲突问题。

已有研究认为委托代理关系主要具有三个方面的特征：信息不对称、激励不相容、责任不对等。

第一，信息不对称。由于人的有限理性，委托人与代理人掌握的公司生产经营信息是不对称的，作为代理人的经理比作为委托人的所有者更了解企业生产、收益和成本等方面的信息。委托人为了实现对代理人的有效监督与激励，需要通过更多渠道和方式来获取关于代理人的更为准确和详细的信息，具体到资本市场，经常和公开的公司信息披露能够减少投资者和公司之间的信息不对称，股东能够通过披露的信息，及时获得企业生产经营和公司经理努力程度的相关信息，并采取相应的奖励或惩罚措施，这有利于减少公司经理的逆向选择和道德风险问题。

第二，激励不相容。委托人与代理人追求的目标有差异，效用函数不同，经营者对自身利益的追求，很难自然地与股东利益保持一致，使委托人利益最大化的决策与使代理人利益最大化的决策之间存在显著差异。如果经营者的努力程度和报酬之间的相关性不强，经营者不可避免地会选择“偷懒”等行为，从而导致代理成本增加。针对激励不相容问题，Jensen 和 Meckling（1976）指出，委托人可以采取适当激励代理人的方法或承受约束代理人越轨行为的监督费用的方法，来限制代理人与委托人之间的利益分歧，并认为由于代理人的决策与委托人利益最大化的决策之间存在偏差，该偏差导致的与委托人福利减少相等价的货币损失是代理成本中的重要内容，这种成本也被 Jensen 和 Meckling（1976）称为“剩余损失”（residual loss）。张维迎（2005）认为，针对激励不相容问题，重要的是设计有效的激励合同，以尽可能降低剩余损失。

第三，责任不对等。公司代理人掌握着公司的经营控制权，但不承担盈亏责任，企业委托人没有对企业的直接控制权，但要承担盈亏责任，这就形成了责、权、利的不对称性，在决策失误或经营不善时，代理人的损失至多是个人的工作机会，而委托人可能失去所有交给代理人经营的巨额资产。具体来说，由于信息不对称和责任不对等，经理人有可能采取机会主义行为，追求其个人利益最大化，这就有可能损害股东及其他相关主体的利益。

目前，我国上市公司主要存在三种委托代理冲突：股东与经理人之间的代理冲突、大股东与中小股东之间的代理冲突、股东与债权人之间的代理冲突。在这三种委托代理关系中，股东与经理人之间的“内部人控制”以及控股股东侵占中小股东利益的“隧道效应”是现代企业中普遍存在且无法回避的两类经典委托代理关系。当企业产权适当集中时，控股股东对管理层有强烈的监督和激励动机，经理人侵占问题会得到有效抑制。但同时滋生了大股东侵占中小股东利益的机会，大股东的“隧道行为”（tunneling）应运而生。正如 La Porta、Lopez-de-Silanes 和 Shleifer（1999）研究发现，当前公司股权结构中普遍存在的是大股东持股，大股东需要获得一部分超过其控制权的现金流权来弥补其控制权成本，这部分超额现金流权即为控制权的正常收益，但是如果获得的超额现金流权超过了弥补控制权成本所需要的部分，这就会产生大股东侵占中小股东利益的行为。在股权结构集中的公司，主要的代理问题不在经理人与投资者之间，而在控制性股东与其他中小投资者之间，即中小投资者把对公司的监督委托给大股东而产生的委托代理问题，即大股东控制问题（Shleifer and Vishny，1997）。郑志刚（2004）将这种投资者内部的大股东和中小股东之间的利益冲突所产生的委托代理问题称为第二类委托代理。Johnson 等（2000）把大股东侵占中小股东利益的行为称为“隧道行为”。在股权比较集中的企业，所有权与控制权往往掌控在少数大股东手中，公司管理者一般由大股东直接选择和委任，此时大股东和管理者之间的利益趋同，常常合谋侵占其他利益相关者的利益。因此，大股东有机会也有能力采用各种手段侵占中小股东的利益，通过减持股份获取高额收益是他们常用的手段。

二、信息不对称理论

信息不对称理论是 20 世纪 80 年代经济学家提出的一个经济哲学范畴的概念，即在社会、政治、经济等活动中，每个成员拥有和可获得的信息是存在差异的，一部分人拥有其他人不能获取的信息，从而导致信息不对称。拥有信息优势的一方在可能最大限度增加自身效用的同时，可能做出损害他人利益的行为。代理理论最本质的问题就是委托人与代理人双方存在信息不对称，造成委托人不能充分验证代理人的行为是否符合委托人的既定目标。

信息经济学认为，掌握更多信息的一方一般处于较为有利的地位，而信息缺乏的一方则相对不利。当市场经济活动中存在信息不对称时，信息拥有方（或拥有信息优势方）为谋求自身利益最大化，在交易中总是趋向于做出最大限度有利于自己而不利于他人（损害他人的利益）的选择（行为），从而造成利益失衡，影响契约安排和交易关系的公平公正，降低市场资源配置效率，导致“逆向选择”（adverse selection）和“道德风险”（moral hazard）（肖永明，2017）。

在企业产权市场上，Myers 和 Majluf（1984）认为，当公司通过股权融资获取资金时，信息不对称会不可避免地出现在大股东与中小股东之间，从而产生逆向选择。控制了公司的大股东可以被视为内部人，对公司绩效和未来的发展趋势有很清楚的认知，而不能参与决策的中小股东不清楚公司的真实业绩和持续经营状况。缺乏信息的中小股东无法有效监督和识别大股东的行为选择和真实意图，具有信息优势的大股东会做出有利于自身的决策。例如，对于想从减持股份中获利的大股东，在减持前借助盈余管理向社会公众传递公司的利好消息，从而推动股价上涨，择机抛售股票，实现高位减持套现。在这个过程中，大股东所传递的这种信号带有强烈的个人意愿，中小股东并不能从外部识别出这种信号所传达的真实意图，以至于蒙受损失。大股东与中小股东之间的信息不对称影响了资本市场机制配置资源的效率，当信息严重不对称时，会导致股东之间利益分配严重失衡。

三、“隧道效应”理论

“隧道效应”理论亦被称为“隧道挖掘”理论，Shleifer 等（1997）从法律经济学视角出发，开创性地提出了公司治理中的“隧道效应”理论。他们的分析认为，“隧道效应”即公司大股东为了自己的利益从公司转移资产和利润的行为，这一理论比较好地解释了股权相对集中的情况下，大股东与中小股东之间的利益冲突现象。这种“暗道”挖掘行为主要通过非公平关联交易、资金占用、现金股利、股价操纵等合法或违规手段实现。

“隧道效应”理论的提出使合谋理论从组织间的研究拓展到公司治理领域，学者们主要从控股股东掠夺中小股东权益的发生机制、掠夺手段以及司法介入的作用等方面进行了深入剖析。根据已有研究，总结出该理论的三个特点：第一，“隧道挖掘”是对现有资源的转移，它并不能创造新的价值。大股东利用股权集中优势、信息优势以及控制权优势，运用各种手段将有限的公司资源转移到自己手中，侵占中小股东的利益。第二，“隧道挖掘”是资源的单向转移，资源从来都是从中小股东手中单向转移到大股东手中，在缺乏投资者保护的国家，大股东的掏空行为更加严重。第三，“隧道效应”究其原意是一种暗箱操作，很多手段是打擦边球却无法证实其违法的行为，使中小股东的权益无法得到法律的有效保护。由以上分析可知，“隧道挖掘”行为具有严重的危害性，其实施的主体通常是上市公司大股东，实施方式通常不止一种，而是多种手段相结合，甚至包括和上市公司管理层串通合谋、操纵股价，通过内幕交易获取超额收益等

（赵佩瑶，2018）。很显然，大股东的择机减持行为与“隧道效应”的核心特征存在高度一致性。

四、交易费用理论

交易费用理论是整个现代产权理论的基石。1937 年，著名经济学家罗纳德·科斯（Ronald Coase）在《企业的性质》一文中首次提出“交易费用”思想，将交易费用解释为“利用价格机制的成本”。1969 年，阿罗第一个使用“交易费用”这个术语，并将其定义为“经济制度运行的费用”。后来，阿罗的学生威廉姆森对此做了深入研究，并认为企业和市场是两种可以相互替代的资源配置机制，有限理性、机会主义、不确定性等因素的存在使得市场交易费用高昂，为节约交易费用，公司作为替代市场的新型交易形式应运而生。

影响市场交易费用的因素可分为人的因素、交易的因素、市场的因素。人的因素主要是有限理性和机会主义；交易的因素指市场的不确定性和潜在交易对手的数量及交易的技术结构，包括资产专用性程度、交易频率等；市场的因素指不完全市场环境。

与人的因素相关的主要是有限理性和机会主义。新经济制度下“契约人”的行为特征不同于古典经济学假设下“经济人”的理性行为，其具体表现为有限理性和机会主义行为。有限理性的主观理性部分导致了最小化交易成本的动机，主观理性支持交易各方努力抓住每个机会，以达到效率最大化的目的。机会主义行为是指人们在交易过程中不仅追求个人利益的最大化，而且会通过不正当手段来谋求自身利益，如在信息不对称情况下大股东减持套现。机会主义者在有可能增加自己利益时会违背任何戒条，即损人利己行为。人的有限理性和机会主义行为的存在，导致了交易活动的复杂性，使交易成本增加。也正因为人的有限理性与机会主义行为，严重的合约问题才会产生，从而使交易方式的选择成为必要。由于有限理性和机会主义行为的存在，大股东与管理者或机构投资者合谋，发布虚假信息抬高股价，当股价处于高位且预期公司前景不佳时高价抛售套现，其目的是自身利益最大化，但损害了契约另一方中小投资者的利益，导致市场波动。为了保护中小投资者不受侵害，市场和企业必须完善治理机制，监督大股东的不良行为。

与交易有关的因素主要是资产专用性、不确定性和交易频率，这些因素决定了不同交易要按不同方式来组织。资产专用性是指在不牺牲生产价值的条件下，资产可用于不同用途和由不同使用者利用的程度（Williamson，1975）。中小股东投资者期望公司长期良好发展并从中获得投资收益，如果大股东，尤其原始大股东或控股大股东“清仓式”抛售股票套现走人，并不考虑公司持续发展的问题，中小股东所投入的资产将完全或部分成为沉没成本。不确定性是广义的，它既包括事前只能大致甚至不能推测的偶然事件的不确定性和交易双方信息不对称的不确定性，又包括可以事先预料但预测成本或在契约中制订处理措施的成本太高的不确定性。不确定性的意义在于使人们的选择成为必要。当交易受到不同不确定性的影响，人们就会在交易成本尽量低的情况下，对不同的合约安排进行选择。交易频率是指一种治理结构的确立和运转是有成本的，这些成本在多大程度上能被带来的利益抵消。大股东频繁减持会造成市场的不确定性，根据交易费用理论，必须完善治理机制，而且相对于违规减持带来的不利影响，完成治理机制的成本是较低的。

市场因素同样会影响交易费用。在市场经济中，针对人的有限理性，必须强调组织的作用，尤其是政府这类社会组织的作用，加强政府监督、完善法律法规就是必要的。另外，在当前的市场经济中，无论国内还是国外，影响经济正常运作的一个突出问题就是信誉问题，直接与机会主义行为有关。因此，市场经济是建立在信用体系基础之上的，信用是连接不同经济主体之间关系的纽带，规范市场交易主体的行为就要求大股东讲诚信、禁止投机行为。

交易费用包括信息搜寻费用、谈判费用、缔约费用、监督履约情况的费用、可能发生的处理违约行为的费用。需要设计相关制度，既包括契约也包括政策等来降低交易费用。企业生存和发展的物质基础包括股东投入的股权资本、债权人投入的债权资本、高管人员投入的专用性智力资本、员工投入的人力资本以及政府投入的公共环境资本等。企业与投入一定专用性资本的各利益相关者之间存在一系列契约，包括显性契约和隐性契约，而这些契约往往是不完全的，不能对企业的所有行为做出明确规定，契约的不完全性凸显了公司治理存在的必要性（Kaplan and Luigi，1997）。在契约不完全的前提下，可以利用市场机制、法律机制、大众媒体和股权机制来构建一种混合治理机制，从而有效解决契约不完全造成的资源浪费、市场“失灵”等问题（Bratton and McCaherg，2000）。通过公司内外部机制的共同治理，使公司大股东与其他利益相关者之间的不完全契约尽可能“完全化”，从而提高资源配置效率，减少交易费用。

第二节　文献综述

股权分置改革前，股票市场存在流通股和非流通股，这种股权分置现象造成的问题严重阻碍了我国证券市场的健康发展。因此，经过不断尝试和探索，我国于 2005 年正式提出股权分置改革，非流通股经过禁售期解禁后能在市场进行交易流通。至此，我国股票市场迎来了全流通时代。随着改革的全面展开和不断深入，“同股不同权”和“一股独大”等问题得到了缓解，也为大股东谋求利益提供了新的途径——通过减持获利（刘亚莉、李静静，2010）。

大股东利用内部人的信息优势，通过减持限售股来实现控制权私利，获取超额收益的减持事件在股权分置改革之后不断发生，伴随着减持而来的就是对中小投资者利益的损害以及股市的负面影响。黄志忠等（2009）指出，中国的股权分置改革是史无前例的，没有既成经验可资借鉴，随后所出现的“大小非”减持问题的普遍性和影响程度也是世界上仅有的；所以股权分置改革后抛售解禁股的大股东减持现象也是中国特有的。随着股权分置改革的结束，股权分置改革限售股正逐年减少，而首发限售股正处于逐年增多的态势，因此，减持的重心也正从股权分置改革限售股向首发限售股转移。尤其是2015年股灾后，证监会和两交所（即深圳证券交易所和上海证券交易所）也曾多次出台减持法规，限制减持规范市场，在限定大股东违规减持侵害中小股东利益等方面起到了一些积极作用，但仍无法根本解决大股东违规减持的问题，减持的热潮并没有退去。

关于减持的研究已经有十几年了，但学者们的研究大多聚焦于减持的影响因素、减持的前因后果等方面。现有研究显示，大股东减持多基于套现的机会主义动机，从大股东内部人角度得出其减持时的“择机”能力，在减持过程中凭借信息优势和控制力，创造有利时机进行高位套现减持，获得超额收益。现有文献虽对大股东减持过程有了较为详尽的研究，但却极少涉及大股东减持的治理问题；大股东减持对企业和股市乃至资本市场都存在不利影响，而怎样抑制和减少这种损害中小投资者的投机行为的研究还相对匮乏。

一、大股东减持动因和手段

（一）减持动因

减持动因在宏观上可分为两种：一是流动性需要，二是套现的机会主义行为（王汀汀，2009）。流动性需要往往是因为企业存在融资需求但又无法在短期内通过再融资程序募集资金（楼瑛、姚铮，2008），或者是公司股权结构优化的客观要求。从企业内部视角看，基于套现的机会主义行为的减持动因又可细分为三种：降低掏空成本、提高资本回报率、规避担保风险。大股东“掏空”行为致使公司业绩下滑，而大股东为了降低自己的掏空成本进行减持（黄志忠等，2009）。有些研究结果表明，从市场角度来看，公司估值过高和企业前景不佳是大股东大比例减持的动因，而小强度减持的动因则是股价高波动风险下的及时套现行为（朱茶芬等，2010）。

陈维和吴世农（2013）经过研究得出结论，大股东等内部人具有强烈的减持动机，并从原来的风险偏好转变为风险规避，这一结论是对早先研究的一个呼应。

（二）减持手段

大股东作为公司决策中心的内部人，往往具有强大的信息优势。限售股解禁后，大股东利用自己的信息优势进行选择性减持，这也就是学者们所说的“择时能力”。大股东也正是因为其拥有“择时能力”能选择减持手段。

有研究发现，大股东利用其所掌握的信息能提前了解到当前市场的股价和公司估值的客观程度，从而进行决策，这是相对消极的一种信息优势。而更多研究则表明，大股东们会积极利用这些信息优势。例如，拥有较强控制力的企业股东，往往也拥有更大的信息优势，他们的择时能力也更加精准，他们会在市场中存在一般投资者无法获取的超额收益或一般投资者无法避免的风险损失时，主动进行减持套现，从而获取超额收益或规避风险；甚至存在企业操纵信息，在大股东减持前发布利好消息，或者将坏消息推迟在减持后发布，以此操控其减持时机，损害中小股东的利益（吴育辉、吴世农，2010）。蔡宁（2011）还将这种信息优势促使的内幕交易进一步细分为“主动型”和“被动型”。朱朝晖和张亚妮（2014）还发现，大股东善于洞察股市行情，往往在高位时精准减持。

除了信息优势造就的精准“择时能力”外，大股东还会通过各种手段创造减持的最佳时机，例如，主动的盈余管理、高送转政策、参与定向增发以及策略性股票更名等。最典型的是通过向上进行盈余管理，粉饰公司业绩，使股价快速上升，从而达到高位减持套现的目的；且企业盈余管理的程度越高，大股东减持的力度越大（Jaggi and Tsui，2007；李宁、刘玉红，2009）。但朱朝晖和张亚妮（2014）发现这种基于盈余管理创造减持良机的行为只发生在熊市。有学者将发生“高送转”且大股东进行了减持的上市公司作为研究对象，发现“高送转”的真实意图是为减持创造时机并提高减持的利益（谢德仁等，2016）。且相较于未发生“高送转”的企业，存在“高送转”的企业的减持比例更高（蔡海静等，2017）。

定向增发和策略性股票更名也成为大股东减持的两大利器。大股东积极参与定向增发和减持获利的方式有两种：上市公司大股东先在高位时减持套利，然后再参与定向增发低价回购股权；或者先低价参与定向增发，再在股价涨高时进行减持（邓鸣茂，2016）。之所以能精准进行以上一系列行为，都是因为上市公司大股东所具有的内部信息优势和对企业的控制力，及其所带来的精准择时能力。有学者发现我国上市公司的一些策略性股票更名并不真正意味着战略转型，而实际上是在普通投资者对策略性更名的解读后哄抬股价，便于在股价高涨时进行减持套现；并且在对比了国有企业和非国有企业后，发现非国有企业股价上升更多，减持概率更大（郑志刚等，2018）。

二、大股东减持的影响因素

本部分主要从企业层面和社会环境层面，梳理了对减持产生影响的关键因素。

（一）企业层面

梳理限售股解禁以来的文献后发现，企业层面的影响因素主要体现在治理结构、股权结构等方面。

就公司治理结构而言，独立董事比例高、每股现金股利高、公司预期跨国上市等都有利于公司形成良好的公司治理机制，治理机制越好，大股东减持解禁股的可能性越小；相反，董事长兼任总经理、十大股东存在关联关系不利于形成良好的公司治理机制，治理机制越差，大股东减持的可能性越大。而大股东的市场择时能力则体现在其内部人的信息优势上，大股东会选择对其自身利益有利的市场时机进行减持，即当股票价格被高估时，大股东减持解禁股的可能性较大（袁渊，2010），且大股东对上市公司的控制力将增强大股东在解禁股份交易中的择时能力（蔡宁，2011）。更进一步的研究表明，当股票价格和市盈率过高时，限售股大股东作为信息的优势者，更能及时判断出公司股价和公司价值是否被高估，若当前股价高于初始成本几倍，大股东便会有极其强烈的减持套现想法（曹国华、赵晰，2010）。股东属性指是否为国有股股东，国有限售股股东的减持可能性和减持比例明显小于非国有股股东，可能是因为国有股股东迫于政治压力，面临更多、更复杂的减持约束条件和审批程序（袁渊，2010）。股权结构也对大股东减持产生影响，对控股大股东来说，市场平均资本回报率越高，控制权利益越大，持股比例越高，能获取越多的控制权私利，因此，市场回报率高时，控股股东可能不会产生减持动机（俞红海、徐龙炳，2010）。股权集中程度越高，大股东越可能站在公司角度考虑未来发展，从而减持比例越少（高燕等，2016）。

（二）社会环境层面

通过梳理文献，发现不同地区表现出的大股东减持差异主要是由不同地区的市场化进程和法制化建设导致的。有研究表明，法制建设越完善、市场化进程越快的地区，大股东越难通过与第一大股东的合谋进行减持，股东的合谋关系也会受到抑制（蔡宁、魏明海，2011）。市场化程度高的地区，由于大股东收入稳定和更严格的市场监管环境，大股东不会轻易减持，尤其是地区法律制度环境的提升会使大股东的行为更加理性（林川、曹国华，2013）。

三、大股东减持后果

正常合理范围内的减持是投资者优化股权结构、赚取合规利润的有力手段，但违规、无序的减持套现会给企业和股票市场带来消极影响。违规减持的不利影响多作用于企业自身：削弱外部审计对企业的监督、降低公司市值、导致公司股权分散、加剧公司融资约束、降低投资效率、导致股价崩盘等。

股权分置改革后，股市逐渐进入全流通时代，减持为大股东“掏空”公司，占用资金和资源提供了新路径（林川、曹国华，2013）。有研究对比股权分置改革前后的外部审计意见和大股东“掏空”行为的相关关系，发现企业为了套现存在购买审计意见的可能性；随后又有研究显示大股东的减持常常伴随着盈余管理，大股东的减持力度越大，其盈余管理的程度就越严重，而为了避开监管顺利减持套现，上市公司就产生了强烈的购买审计意见的动机，所以外部审计发表非标准审计意见的可能性也就随之降低；这样一来，外部审计对于企业的监督职能被削弱和影响（张利红、刘国常，2014）。而审计作为内部人“掏空”行为外部治理手段的作用被削弱后，无法有效抑制企业被侵占和挪用，企业和中小投资者必然是最终受害者。

对于股权结构较为分散的公司，大股东减持的一个必然结果就是大股东持股比例下降，大股东控制权被稀释，减持会加剧公司股权结构分散多元化，导致公司没有实际控制人和控股股东，任何一个股东都不具有决定性的影响（胡延坤，2018）。当出现意见分歧时，过度分散的股权势必会造成股东大会无法合理、高效进行决策，进而影响企业未来的发展。

大股东一直被视为内部人，具有内部信息优势，其减持公告通常给投资者带来消极的信息暗示，即大股东减持往往会传递公司估值过高或发展前景不好等信号，外部投资者会因此失去持股信心和投资动力，使后期公司的融资难度和成本增加（吴战篪、吴伟立，2018），由此形成高融资约束。同时，减持会使股价高估程度下跌，约束无法缓解，从而导致上市公司的投资效率下降（Baker et al.，2003）。

内部人抛售股票的减持行为会给市场带来负面暗示，但是吴战篪和李晓龙（2015）研究认为，股价崩盘并不是内部人所隐藏的坏消息导致的，而是减持使企业内部投资者和外部投资者之间的利益不一致；同时，不确定性大幅上升，这就使外部投资者用降低股价来弥补这种不确定性的升高，从而导致股价的崩盘。也有学者认为限售股解禁后的减持会使股票收益波动明显（股价下跌），增加股票风险，同时会加剧股价崩盘的风险（张晓宇、徐龙炳，2017）。

风险厌恶型的大股东通常会选择减少手中所持有的股份，特别是在二级市场流动性很好的情形下，大股东可能更倾向于出售股份而不是执行监督经理层的任务，其结果是公司绩效大幅降低（Huddart，1993）。

四、大股东减持的内外部治理机制

大股东违规减持会给企业和市场带来不良影响，前面提到外部审计这种外部治理机制在股权分置改革后对大股东减持等“掏空”行为的抑制作用也很有限。关于能对大股东减持起到抑制作用的公司内外部治理机制，本书主要讨论机构投资者、独立董事制度、媒体关注以及减持政策法规四种。

（一）机构投资者

机构投资者是指在金融市场从事证券投资的法人机构——证券投资基金、保险基金、证券公司、社保基金以及合格的境外机构投资者（Qualified Foreign Institutional Investor，QFII），他们获得信息的渠道和处理信息的能力远优于普通投资者。

理论界关于机构投资者监督管理职能的意见存在分歧：一种观点认为，机构投资者在公司治理过程中未发挥积极作用（Rose，2007），对我国股权分置改革过程中发生的大股东减持并未起到抑制和监督作用，其在定向增发中扮演着旁观者的角色（姚颐等，2007；毕金玲等，2017），在公司治理中扮演着“选择治理”的消极角色（刘涛等，2013），甚至通过自身的信息优势与大股东一同损害中小股东的利益（陈灿，2016）。然而，另一种观点认为，在考虑机构投资者的影响时，需要考虑到其异质性。具有长期性的机构投资者能提高监管水平和信息质量，从而减少信息不对称问题（Attig et al.，2013），长期性的机构投资者在参与企业的监管活动方面会投入更多精力和成本，防止一些滥用股权的问题出现（Hao，2014）。吴先聪等（2016）基于关联交易视角，同时考虑机构投资者的异质性，发现独立机构投资者相对于非独立机构投资者，对大股东减持所导致的侵占中小股东的掏空行为，能发挥更有效的监督作用，长期机构投资者比短期机构投资者更能抑制大股东违规减持。

除了异质性外，还有很多因素会影响机构投资者的监管治理职能。例如，某项投资在机构投资者投资组合中所占的比例。当目标公司占机构投资者投资组合中比例较高、占大量的资金分配时，机构投资者的监管作用是最大的（Fich et al.，2015）。机构投资者对企业的控股情况也会对监管作用产生影响，当机构投资者对企业的股权集中程度很高时，股价暴跌会对机构投资者的利益造成严重损害，所以机构投资者在参与公司治理时会发挥一定的监督作用（高昊宇等，2017）。何丹等（2018）的研究也表明，在现今我国相关法规制度不够完善的情况下，机构投资者的持股比例与其所发挥的外部监督机制作用呈正相关。陈宪等（2018）证明了在法制监管不足的情况下，机构投资者能有效抑制上市公司的大股东内部交易行为，从侧面反映了机构投资者的监管在某种程度上可以弥补地区法治水平的欠缺。

（二）独立董事制度

独立董事的独立性是一种状态，可以将“独立”一词改为“无关联”，无关联董事可以定义为与公司没有实质业务或经济关系，与管理层没有家庭关系的人（Firstenberg and Malkiel，1980）。Beasley（1996）验证了董事会中包括更多的外部成员即独立董事，能大大降低财务报表欺诈的可能性，并且随着公司外部董事所有权和董事会外部董事任期的增加，财务报表欺诈的可能性降低。Jaggi 和 Tsui（2007）以香港企业为研究对象发现，公司董事会中独立董事的比例较高，能缓和内部销售与盈余管理之间的积极联系，换句话说，独立董事有利于保障董事会的监督职能，抑制内部人交易和公司的盈余管理。Bhagat 和 Bolton（2013）发现，2002 年之前董事会独立性与公司业绩之间存在显著的消极关系，但 2002 年之后则存在积极和重要关系。

从代理问题的角度出发，独立董事在防止上市公司内部人员控制、最大限度减少股东滥用权力、维护中小股东利益等方面发挥着决定性作用（Yuan，2009）。企业的股东集中程度越高，其股东的控制权私利也就越大，往往此类公司增加独立董事人数和比例的阻力也就越大，这从侧面验证了独立董事的治理作用；并且独立董事发挥监督职能，能够降低代理成本，遏制企业股东藏匿坏消息，从而缓解股价崩盘的风险（梁权熙、曾海舰，2016）。

独立董事的专业背景、声誉机制等，都会对其在公司治理中所发挥的监管作用产生重大影响。Tan 等（2007）研究总结出中国独立董事制度的特征，独立董事年龄分布均匀，大多数有经济管理研究背景，独立董事的薪酬同公司绩效联系紧密，独立董事数量同公司效益呈正相关。独立董事拥有的社会资本越丰富，其公司治理越有效，在法律保护环境比较薄弱的地区或地区信任水平偏低时，治理效果更为显著，发挥了正向的替代效应（刘浩等，2012）。而王凯等（2016）对有实务会计背景的独立董事进行研究发现，拥有实务会计背景的独立董事的监督作用比非实务独立董事更强，并且与外部法制环境存在替代关系，拥有法律背景的独立董事则与外部法律环境互补。高校官员型独立董事有对应的专业优势，比政府官员型独立董事所能发挥的监督优势更大（逯东等，2015），且当独立董事在本地任职时，能提升其监督效率（周泽将、刘中燕，2017）。

独立董事在公司治理中发挥作用的实现路径是声誉机制，独立董事在企业任职往往不是为了追求财富，而是为了追求社会地位，维护自己的名声，因此，独立董事的声誉机制会使独立董事极力保持自身独立性，提高监管效率和强度，提高公司信息披露质量和透明度，缓解委托代理的信息不对称问题，从而保护中小股东利益，提高公司市值，同时也维护了自己的声誉（黄海杰等，2016；胡晨，2018；Zaman et al.，2018）。大股东违规减持等“掏空”行为会损害中小股东利益，不利于企业发展，独立董事基于声誉机制，为了维护自己的名声，会进行监管，从而抑制和减少此类行为的发生。同时，相比学者独立董事声誉，实务独立董事声誉能更有效地抑制大股东违规减持等“掏空”行为（毛建辉，2018）。独立董事制度对企业的治理作用多数是为了维护独立董事自身的名誉，其发挥的监管作用受各种因素和环境所限制和影响。但是大股东违规减持前后的一系列市场反应，必然对企业和中小股东、外部投资者造成利益损害，因此，独立董事的声誉机制使得独立董事对大股东违规减持确实能发挥一定的减少和抑制作用。

（三）媒体关注

媒体对上市公司违规违法行为的报道和曝光，反映了一种监督功能。企业为了应对各界可能产生的一系列反应而减少违规行为，正是媒体发挥治理作用的结果（Core et al.，2008）。而关于媒体治理作用的实现机制有两种观点：一种是通过引起监管机构的关注和作为实现（李培功、沈艺峰，2010），另一种则是通过市场压力实现（于忠泊等，2011）。

1. 媒体监督导致的监管压力

杨德明和赵璨（2012）针对上市公司高管的“天价薪酬”和“零薪酬”等问题进行实证研究发现，媒体监督在我国资本市场的特殊背景下，需要借助外力才能发挥其治理作用；除了国内媒体外，外国媒体的负面报道也会逆转违规的公司治理（Dyck et al.，2008）。当媒体对企业的违规减持进行报道时，一方面会影响公司和内部人的海外声誉，另一方面会引起监管机构的注意，因此，企业很可能出于声誉目的和被监管的压力而逆转其违规行为，从而抑制违规减持的行为。

2. 媒体关注导致的市场压力

媒体对董事会效率低下的曝光会使其改进自己的工作（Joe et al.，2009），尤其是独立董事，出于声誉机制会加强对公司的监管，能够起到提高公司治理水平、抑制违规减持行为的作用。不同性质的媒体和报道内容的差异所发挥的作用也有差异，市场导向型的媒体曝光更具有积极作用，而媒体报道的内容越深入，越能引起投资者的负面情绪，其治理效果也越显著（李培功、沈艺峰，2010）。

由于我国经济处于转型阶段，法制环境存在显著的地区差异，这时市场会派生出替代性的纠偏机制来弥补法治层面的缺陷以稳定市场，而媒体在法制环境较薄弱的地区能够发挥替代效应（陈克兢，2017）。而媒体监督又是如何发挥作用的？媒体关注能够有效抑制管理层的盈余操纵，提高会计质量（权小锋、吴世农，2012）、提高公司信息透明度（李明等，2014）。因此，在股权分置改革过程中，媒体关注度越高，并且向市场传递出公司治理环境好、信息质量可靠等有保障的信号，越能提高中小投资者的投资热情和投资者认知，从而稳定二级市场运行（徐莉萍、辛宇，2011；颜恩点、曾庆生，2018）。有些媒体通过大力传播会计信息，如对企业资金情况进行分析报道，帮助投资者了解和掌握会计信息，以改善投资者的信息不对称问题（Drake et al.，2014；Peress，2014）；还可以通过报道前内部人交易，降低内部人的未来交易利润（Dai et al.，2015）。改善信息不对称问题和降低内部交易利润都能在一定程度上抑制大股东的减持套现行为，对中小投资者的利益保护起到积极作用。

周开国等（2016）进一步研究发现，违规频率越高的公司，媒体监督的治理效果越好，并且媒体作为上市公司的外部治理机制，所发挥的作用也日益增强。媒体的负面报道能够抑制和减少上市公司大股东的“掏空”行为，且对非国有企业的作用更显著（李明、叶勇，2016）。

但也有学者研究发现，媒体存在与上市公司合谋的可能性。孔东民等（2013）研究指出，在某些特定场景下，地方媒体存在与上市公司合谋的可能性。在大股东减持期间，媒体倾向于放出大量利好消息以抬升股价创造减持时机，或者是延迟和隐藏利空消息，而在减持后，媒体的报道趋于中性。这说明在减持期间，上市公司大股东可能与媒体合谋（路玲，2017）。这就要求在进一步规范市场的过程中，需要促进地方媒体的独立性和新闻的自由度（Kim et al.，2017）。

（四）减持政策法规

自2005年股权分置改革，限售股开始解禁，上市公司股东开始在二级市场进行各种减持套现，赚取超额收益，损害中小投资者利益和信心，扰乱了证券市场秩序，证监会对此进行严密的关注并出台了一系列监管措施和减持新规，以抑制大股东的无序和违规减持。秦军和居佳欢（2018）构建了大股东与监管部门间的演化博弈模型，表明大股东违规减持收益与违规成本和监管成本是影响减持监管效果的关键因素。吴敏晓（2012）从控股股东在二级市场交易的法规角度，重点分析指出在规范控股股东减持方面的法规存在很大缺陷，减持信息披露时间没有严格限制，限制减持的期限太短，需要进行减持公告的减持范围太狭窄，对于一致行动人的规定不完善，大股东违规减持的违规成本较低。减持所能获得的巨大超额收益和上述监管缺陷使大股东有动机并可以很轻松地规避监管进行违规减持。为了维护二级市场的稳定和健康发展，证监会颁布了许多政策法规，两交所也制定了相应的实施细则。2017 年 5 月 26 日，证监会发布了《上市公司股东、董监高减持股份的若干规定》，这次新规针对的是部分股东通过大宗交易“过桥式、清仓式、任性式……”的不正常减持。新规对大股东的各种变相减持漏洞进行了弥补，跟以往监管规定相比有四个特点：扩大新规的使用对象范围，增加了特定持股身份；从减持方式、减持数量等方面细化了减持的限制；加强了信息披露要求；严格了违规减持的惩罚（金一平，2017）。上海证券交易所（以下简称上交所）、深圳证券交易所（以下简称深交所）也同步出台了关于信息披露的一些配套规定。这些减持新规对大股东等往常所惯用的减持方式起到了遏制和减少的作用。

前面我们提到过大股东通过参与定向增发来择机减持，而减持新规将参与定向增发的新股东和接受股份的受让方都囊括在需要遵守新规的范畴内，大股东通过定向增发减持受到了新规的限制，这就使定向增发的高溢价率得到了有效抑制，也使定向增发市场趋于理性，且市场对于减持新规也有积极的反应，减持新规落地后短期内存在负向价格波动，但总体仍是正向效应（张卫东、李莉，2018）。阮永平等（2018）也通过实证研究发现，减持新规发布期间，定向增发市场呈 U 形走势，主要是因为投资者经历了一个由失望到适应的过程，且减持新规能够提升外部投资者对定向增发的认可，达到了应有的效应。唐齐鸣等（2018）基于双重差分模型进行实证研究，减持新规双向锁住了通过大宗交易的减持，延长了转让方出售股份的时间，在一定程度上遏制了利用大宗交易操纵股价的行为，同时提高了大宗交易市场筛选股票的能力。

但新规颁布后不久，市场就出现了跳出规范的三种减持操作：一是在合规情况下通过大宗交易减持使所持股票低于5%，退出大股东范畴，之后的减持行为不受减持新规限制；二是股东减持，员工接盘；三是第三方资金接盘（蒋珺、栾红旭，2017）。黄霞（2018）从代理成本的角度研究减持新规是否能对股票市场产生正向影响，发现在新规抑制了国有企业大股东减持的情况下，大股东可能会通过关联交易等手段来损害公司利益，但由于其只选取了新规出台前后两天为时间窗口期来分析累计超额回报率，时间跨度较短，所得出的结论不具备普遍性。限售股解禁至今，监管部门对减持的监管不断发展和完善，减持新规提升了二级市场透明度，切实保护了中小投资者权益，保障了二级市场稳定。

五、文献评述及未来研究展望

上述文献已从大股东减持的动机、方式、后果及监督等方面进行了讨论，取得了一定成绩。关于大股东减持限售股的影响因素从企业内外两个视角出发进行了探讨，减持过程的研究涵盖了现存的可能的减持动因和减持手段，但对减持治理机制的研究相对匮乏，尤其缺乏系统的理论分析和直接的实证检验。现有研究可划分为企业层面和外部环境层面，大多数研究都将关注点放在企业内部，并对诸多影响因素进行了分类，随着学者研究的不断深入，出现了关于各种因素交互作用对减持产生影响的研究。但目前挖掘出的外部环境的影响因素还很少，且缺乏独立完善的研究。具体而言，首先，国内文献大多数研究了股权分置改革带来的国有大股东减持问题，并把大股东减持动机简单归结为套现，仅停留在现象层面分析大股东减持行为，忽视了隐藏在减持背后的环境因素和心理因素。因此，有必要深入剖析我国制度背景对大股东减持行为的影响机理，揭示减持的主观和客观动因。其次，从研究大股东减持的经济后果来看，已有文献主要讨论了大股东减持事件带来的资本市场的股价波动，尚缺乏研究减持行为引起的公司内部价值的变化，综合讨论大股东减持作用于资本市场和公司内部给中小股东带来的影响更具有全面性。另外，“大股东减持”现象是伴随着保护投资者利益的禁售政策而产生的，股东正常减持手中股份无可厚非，但现已转变为大股东利用减持之机掠夺中小投资者的利益，但国内鲜有文献涉及监管机制及其有效性的研究。

因此，基于现有研究，本书将从理论上探讨规范大股东违规减持的内外部治理机制，内部治理机制主要包括股东机制、董事会机制，外部治理机制主要有政策法规、公众媒体等。在此基础上，基于我国上市公司的大样本，实证分析多种情境下机构投资者在提前掌握大股东拟减持信息后的行为选择对大股东减持行为的影响；探讨独立董事的独立性、法律专长等特性对大股东违规减持行为的抑制作用；验证媒体对上市公司的报道能否抑制大股东的违规减持行为；检验“减持法规”的颁布是否发挥了应有的政策效应。本书同时强调，公司内外部治理机制之间是相互补充或替代关系，应合理设置这些机制，使之协同发挥治理作用。

第三章　大股东减持的制度背景与现状分析

第一节　大股东减持的制度背景

在股权分置改革之前，股票市场存在流通股和非流通股二元股权并存的模式，作为内部人的大股东拥有公司大部分非流通股，由于无法在二级市场交易，带来了一系列问题：其一，大股东只能获得稳定的股利分配收入，缺乏提高公司经营利润和股票市场价值的动机；其二，国内市场流动性差，资本投资效率低下，无法吸引优质外部投资者，导致资本市场缺乏活力；其三，"股权分置"所带来的同股不同权、同股不同利引发股东内部的矛盾，在控制权私有收益的驱使下，大股东会选择转移公司资源，对中小股东进行"掏空"。为了解决股东同股不同权的问题，2005 年，我国启动了股权分置改革。随着改革进程的推进，非流通股能够按照解禁期的规定陆续在二级市场出售，由此，资本市场进入具有中国特色的"大小非"减持时代。

2009 年 10 月 30 日，中国创业板开板，截至 2019 年 3 月 1 日，已有 744 家公司在创业板上市，占沪深两市公司总数的约 20%。总股本约 4000 亿股，上市公司总市值约达 5 万亿元。相较于主板上市公司，创业板上市公司的原始股东主要由创业者个人、高管、风险投资者构成。法规对于公司原始股东转让其原有股份规定了一定的限制，由此产生了原始股东限售股。2018 年 10 月 26 日第四次修正的《公司法》第一百四十一条规定："发起人持有的本公司股份，自公司成立之日起一年内不得转让。公司公开发行股份前已发行的股份，自公司股票在证券交易所上市交易之日起一年内不得转让。"深交所对于原始股东和高管的股票限售期为 12 个月，而对于作为实际控制人或控股股东的原始股东的股票限售期为 36 个月。上交所对于控股股东、实际控制人的锁定期是上市后三年，一般的原始股股东是上市后一年。对于董监高的股票限售期是一年，而且任职期间每年只能转让不超过 25%的股份，离职后半年内不能转让。创业板开板近 10 年来，伴随着大量限售股的解禁、新股密集上市，创业板个股高估，上市公司大股东减持、高管离职行为愈演愈烈。

在席卷股市减持的浪潮中，不乏大股东借此机会违规减持套现，从中获得超额收益。减持股份已成为股权分置改革过程中大股东侵占中小股东利益的一种新途径（吴育辉、吴世农，2010）。进入全流通时代，大股东减持热潮并未退却，加上创业板市场的诞生，创业板公司限售股的逐步解禁也助推了减持事件的发生。针对大股东违规减持行为的频繁发生，证监会近两年出台了一系列减持规则：2016 年 1 月 7 日，发布了《上市公司大股东、董监高减持股份的若干规定》（以下简称"旧规"），由于该项规定对股东减持的信息披露要求不够完善等，2017 年 5 月 26 日，证监会对"旧规"做出了重大修改，发布了《上市公司股东、董监高减持股份的若干规定》（以下简称"新规"），尤其对不同股东减持的信息披露要求做出了详细、严格的规定，要求大股东减持应当事前披露减持计划、事后披露减持实施情况等，进一步规范大股东的减持行为。

由于"旧规"缺乏硬性约束方式，违规减持依然屡禁不止。例如，2019 年 3 月 13 日，湖南证监局对宁波聚贝投资出具警示函。宁波聚贝投资持有飞鹿股份（股票代码 300665）7.24%的股份，股份来源为首次公开发行前已发行股票。2018 年 10 月 8 日至 2019 年 1 月 14 日，宁波聚贝投资通过证券交易系统以大宗交易及竞价方式合计减持飞鹿股份股票 361.25

万股，占飞鹿股份总数的2.97%，减持后持有飞鹿股份的股份比例下降至4.27%。宁波聚贝投资在持股比例下降到5%时，未按照规定及时向深圳证券交易所提交书面报告并披露权益变动报告书，也未在履行报告和披露义务前停止卖出飞鹿股份。而且，这并非是宁波聚贝投资第一次因为违规减持遭遇处罚，在此一个多月前宁波聚贝投资因违规减持收到创业板监管函。而违规减持在短短时间内再次发生，表明此前深圳证券交易所的监管函并未引起宁波聚贝投资的重视。另外，凯乐科技（股票代码600260）控股股东荆州市科达商贸投资有限公司于2019年2月14日通过上海证券交易所集中竞价方式减持凯乐科技无限制流通股200万股，但未在首次卖出的15个交易日前预先披露减持计划，上述行为不符合《上市公司股东、董监高减持股份的若干规定》第八条有关规定，违反了《上市公司信息披露管理办法》第四十六条第一款第四项的规定。

可见，在当前法律环境下，大股东违规减持的空间仍然很大，如仅仅依靠法律环境的改善可能尚不足以有效规范大股东的减持行为，还需要完善公司内外部治理机制、监督机制。表3-1总结了股权分置改革以来我国相关部门发布的与股东减持相关的管理办法和若干规定。

表3-1 法律法规对大股东减持的相关规定

发布时间	名称	具体内容
2005-09-04	《上市公司股权分置改革管理办法》（证监发〔2005〕第86号）	1. 自改革方案实施之日起，在12个月内不得上市交易或者转让 2. 持有上市公司股份总数5%以上的原非流通股股东，在前项规定期满后，通过证券交易所挂牌交易出售原非流通股股份，出售数量占该公司股份总数的比例在12个月内不得超过5%，在24个月内不得超过10% 3. 持有、控制公司股份5%以上的原非流通股股东，通过证券交易所挂牌交易出售的股份数量，每达到该公司股份总数1%时，应当在该事实发生之日起两个工作日内做出公告，公告期间无须停止出售股份
2008-04-20	《上市公司解除限售存量股份转让指导意见》（证监会公告〔2008〕15号）	1. 持有解除限售存量股份的股东预计未来一个月内公开出售解除限售存量股份的数量超过该公司股份总数1%的，应当通过证券交易所大宗交易系统转让所持股份 2. 持有或控制上市公司5%以上股份的股东及其一致行动人减持股份的，应当按照证券交易所的规则及时、准确地履行信息披露义务

续表

发布时间	名称	具体内容
2014-11-23	上市公司收购管理办法	1. 通过证券交易所的证券交易，投资者及其一致行动人拥有权益的股份达到一个上市公司已发行股份的5%时，应当在该事实发生之日起3日内编制权益变动报告书，向中国证监会、证券交易所提交书面报告，通知该上市公司，并予公告；在上述期限内，不得再行买卖该上市公司的股票 2. 通过协议转让方式，投资者及其一致行动人在一个上市公司中拥有权益的股份拟达到或者超过一个上市公司已发行股份的5%时，应当在该事实发生之日起3日内编制权益变动报告书，向中国证监会、证券交易所提交书面报告，通知该上市公司，并予公告
2015-07-08	证监会公告〔2015〕18号	1. 从即日起6个月内，上市公司控股股东和持股5%以上股东（以下并称大股东）及董事、监事、高级管理人员不得通过二级市场减持本公司股份 2. 上市公司大股东及董事、监事、高级管理人员违反上述规定减持本公司股份的，中国证监会将给予严肃处理 3. 上市公司大股东及董事、监事、高级管理人员在6个月后减持本公司股份的具体办法，另行规定
2016-01-07	《上市公司大股东、董监高减持股份的若干规定》（证监会公告〔2016〕1号）	1. 上市公司大股东计划通过证券交易所集中竞价交易减持股份，应当在首次卖出的15个交易日前预先披露减持计划 2. 上市公司大股东减持计划的内容应当包括但不限于：拟减持股份的数量、来源、减持时间、方式、价格区间、减持原因 3. 上市公司大股东在3个月内通过证券交易所集中竞价交易减持股份的总数，不得超过公司股份总数的1% 4. 通过协议转让方式减持股份并导致股份出让方不再具有上市公司大股东身份的，股份出让方、受让方应当在减持后6个月内继续遵守本规定第八条、第九条的规定 5. 上市公司大股东的股权被质押的，该股东应当在该事实发生之日起二日内通知上市公司，并予公告
2017-05-26	《上市公司股东、董监高减持股份的若干规定》（证监会公告〔2017〕9号）	1. 上市公司控股股东和持股5%以上股东（以下统称大股东）、董监高减持股份，以及股东减持其持有的公司首次公开发行前发行的股份、上市公司非公开发行的股份，适用本规定。大股东减持其通过证券交易所集中竞价交易买入的上市公司股份，不适用本规定 2. 上市公司大股东在3个月内通过证券交易所集中竞价交易减持股份的总数，不得超过公司股份总数的1% 3. 股东通过证券交易所集中竞价交易减持其持有的公司首次公开发行前发行的股份、上市公司非公开发行的股份，应当符合前款规定的比例限制 4. 股东持有上市公司非公开发行的股份，在股份限售期届满后12个月内通过集中竞价交易减持的数量，还应当符合证券交易所规定的比例限制。适用前三款规定时，上市公司大股东与其一致行动人所持有的股份应当合并计算

续表

发布时间	名称	具体内容
2017-05-26	《上市公司股东、董监高减持股份的若干规定》（证监会公告〔2017〕9号）	5. 通过协议转让方式减持股份并导致股份出让方不再具有上市公司大股东身份的，股份出让方、受让方应当在减持后6个月内继续遵守本规定第八条、第九条第一款的规定。股东通过协议转让方式减持其持有的公司首次公开发行前发行的股份、上市公司非公开发行的股份，股份出让方、受让方应当在减持后6个月内继续遵守本规定第九条第二款的规定 6. 上市公司大股东通过大宗交易方式减持股份，或者股东通过大宗交易方式减持其持有的公司首次公开发行前发行的股份、上市公司非公开发行的股份，股份出让方、受让方应当遵守证券交易所关于减持数量、持有时间等规定 7. 适用前款规定时，上市公司大股东与其一致行动人所持有的股份应当合并计算
2018-10-26	《中华人民共和国公司法》	第一百四十一条　发起人持有的本公司股份，自公司成立之日起一年内不得转让。公司公开发行股份前已发行的股份，自公司股票在证券交易所上市交易之日起一年内不得转让。公司董事、监事、高级管理人员应当向公司申报所持有的本公司的股份及其变动情况，在任职期间每年转让的股份不得超过其所持有本公司股份总数的25%；所持本公司股份自公司股票上市交易之日起一年内不得转让。上述人员离职后半年内，不得转让其所持有的本公司股份。公司章程可以对公司董事、监事、高级管理人员转让其所持有的本公司股份作出其他限制性规定
2019-12-28	《中华人民共和国证券法》	第四十四条　上市公司、股票在国务院批准的其他全国性证券交易场所交易的公司持有5%以上股份的股东、董事、监事、高级管理人员，将其持有的该公司的股票或者其他具有股权性质的证券在买入后6个月内卖出，或者在卖出后6个月内又买入，由此所得收益归该公司所有，公司董事会应当收回其所得收益

第二节　大股东减持现状分析

资本市场是鲜活的，需要流动，一般股东的买卖行为是正常的也是必要的，然而大股东在股份解禁后就迫不及待减持，甚至是弃子般的清仓减持就属于不正常现象了。近十年来，为什么大股东频频减持呢？归纳起来有以下几种动机：

第一，兑现前期资本投资价值。一家公司从初创到最终上市，时间跨度长，资本投入量大，大股东承担着巨大的投资风险。在股份解禁之后大股东要求兑现前期资本投入产生的收益是无可厚非的，也是经济社会得以持续发展的内在因素之一。第二，获得流动资金的需求。当公司目前的产业具有很好的发展前景时，扩大现有产业规模，需要资金投入。从股票市场套现用于企业发展是一个不二选择，也在情理之中。第三，优化股权结构。过于集中的股权结构容易导致大股东利用控制权攫取私人收益。大股东减持，中小股东增持或引入战略投资者，有益于调整股权架构，优化股东监督制衡机制。第四，战略性退出。公司经营业绩惨淡，投资者往往对其发展前景持有悲观看法，为了避免更大损失，部分大股东会考虑战略性退出。因此，大股东会清仓减持所持上市公司股票以求退出。

股东减持的动机有的是合理的，有的是恶意的。那些遵循经济规律、遵守法律法规的减持，是正当的。而对于大股东违法违规恶意减持和侵害中小投资者利益、破坏股市稳定的减持行为，应予以严格规制。

为了分析近几年我国上市公司大股东的正常减持和违规减持情况，笔者从 CSMAR 数据库（China Stock Market and Accounting Research Database）及沪深交易所网站收集了大股东减持的相关数据并进行筛选，本书将持股5%及以上的股东界定为大股东，将大股东减持比例为所持股份 1%及以上的界定为大股东减持。

表 3-2 统计了我国沪深股市 2012~2018 年大股东正常减持次数。从表 3-2 可以看出，总体来讲，2012~2015 年，减持次数逐年攀升，2016~2018 年，减持次数有下降趋势，尤其是 2017 年下降幅度较大。其中，非国有企业发生减持的总次数远远多于国有企业，非控股股东减持总次数远远多于控股股东，创业板减持总次数少于主板和中小板。

表 3-3 统计了 2012~2018 年沪深两市大股东减持的公司数，结合表 3-2 和表 3-3 分析可知，平均每家公司每年约减持 2 次。总体来讲，2012~2015 年，减持公司数逐年攀升，2016~2018 年，减持公司数有下降趋势，尤其是 2017 年下降幅度较大。其中，非国有企业发生减持的公司

总数远远多于国有企业，创业板市场发生减持的公司总数少于主板和中小板市场。

表 3-2 2012~2018 年大股东正常减持次数统计

年份	减持总次数	公司产权性质		是否控股股东		减持公司上市板块		
		国有	非国有	控股	非控股	主板	中小板	创业板
2012	462	122	340	60	402	184	181	97
2013	837	151	686	147	690	241	314	282
2014	1100	255	845	308	792	375	448	277
2015	1322	399	923	350	972	593	476	253
2016	941	185	756	149	792	303	354	284
2017	471	116	355	85	386	189	153	129
2018	528	100	428	112	416	200	166	162
合计	5661	1328	4333	1211	4450	2085	2092	1484

表 3-3 2012~2018 年大股东正常减持公司数统计

年份	减持公司总数	公司产权性质		减持公司上市板块			
		国有	非国有	主板	中小板	创业板	三板市场
2012	269	75	194	103	106	56	4
2013	441	111	330	126	172	125	18
2014	545	151	394	203	205	128	9
2015	646	233	413	313	210	117	6
2016	519	112	407	188	189	142	0
2017	338	84	254	126	110	101	1
2018	462	122	340	228	124	110	0
合计	3220	888	2332	1287	1116	779	38

表 3-4 统计了我国沪深两市 2012~2018 年大股东违规减持次数。从表 3-4 可以看出，总体来讲，2012~2015 年，违规减持次数逐年攀升，2012 年只发生了 2 次大股东违规减持，2015 年却发生了 51 次，是 2012 年的 25 倍之多。2016~2018 年，违规减持次数从 46 次下降到 32 次。其中，非

国有企业发生违规减持的总次数远远多于国有企业，非控股股东违规减持的总次数远远多于控股股东。

表 3-4　2012~2018 年大股东违规减持次数统计

年份	违规减持总次数	公司产权性质		是否控股股东		减持公司上市板块		
		国有	非国有	控股	非控股	主板	中小板	创业板
2012	2	1	1	0	2	0	1	1
2013	10	0	10	2	8	1	6	3
2014	24	5	19	8	16	9	11	4
2015	51	9	42	21	30	19	16	16
2016	46	10	36	11	35	21	18	7
2017	31	8	23	8	23	6	13	12
2018	32	2	30	6	26	9	11	12
合计	196	35	161	56	140	65	76	55

表 3-5 从减持次数、减持股数和减持比例三个维度统计分析了大股东正常减持与违规减持的总体情况。从减持次数看，虽然正常减持次数和违规减持次数从 2016 年开始呈下降趋势，但是，2012~2017 年违规减持次数占总减持次数的比例逐年增加，从 0.43%增加到 6.18%，直到 2018 年才略有下降。从减持股数看，正常减持股数和违规减持股数从 2016 年开始基本呈下降趋势，而违规减持股数占总减持股数的比例仅 2017 年呈下降态势。从减持比例看，正常减持比例和违规减持比例从 2016 年到 2017 年呈下降趋势，而 2012~2018 年违规减持比例占总减持比例的比例逐年攀升。

表 3-5　2012~2018 年大股东正常减持与违规减持比较分析

年份	减持次数			减持股数			减持比例		
	正常减持次数	违规减持次数	违规减持次数占总次数比（%）	正常减持数量（亿股）	违规减持数量（亿股）	违规减持股数占总减持比（%）	正常减持占总股比（%）	违规减持占总股比（%）	违规减持比例占总减持比（%）
2012	462	2	0.43	76.25	0.004	0.005	16.49	0.002	0.01
2013	837	10	1.18	126.72	0.55	0.43	26.32	0.19	0.72

续表

年份	减持次数			减持股数			减持比例		
	正常减持次数	违规减持次数	违规减持次数占总次数比（%）	正常减持数量（亿股）	违规减持数量（亿股）	违规减持股数占总减持比（%）	正常减持占总股比（%）	违规减持占总股比（%）	违规减持比例占总减持比（%）
2014	1100	24	2.14	172.64	1.97	1.13	32.96	0.41	1.23
2015	1322	51	3.71	530.23	7.31	1.36	49.38	0.81	1.64
2016	941	46	4.66	319.93	4.72	1.45	39.61	0.78	1.93
2017	471	31	6.18	229.31	1.22	0.53	22.88	0.48	2.05
2018	528	32	5.71	216.29	1.76	0.81	24.60	0.50	1.99
合计	5661	196	3.35	1671.4	17.53	1.04	—	—	—

表 3-6 统计了 2012~2018 年大股东正常减持的方式，大股东主要采用协议转让、集中竞价和大宗交易三种方式进行减持。从大股东减持的交易次数来看，三种交易方式中，采用大宗交易方式的总次数最多，有 3436 次，占正常减持总次数的 61%左右，集中竞价的总次数最少，只有 916 次，约占正常减持总次数的 16%。从大股东减持的交易量来看，协议转让方式的总量最大，超过 1000 亿股，约占正常减持总股数的 60%，因为证监会规定协议转让的单个受让方的受让比例不得低于公司股份总数的 5%。集中竞价的交易量仍然是最少的，只有 185.59 亿股，约占正常减持总股数的 11%，因为集中竞价要求 3 个月内减持数不得超过公司股份总数的 1%。但是从 2012 年到 2018 年减持交易方式发生了改变，尤其是“减持规定”出台前后变化很明显。“减持规定”出台前，主要以大宗交易和集中竞价为主，而“减持规定”出台后，大宗交易和集中竞价采用得越来越少，大股东主要采用协议转让的方式进行正常减持。因为之前对大宗交易比例和持股时间没有严格规定，所有清仓式减持都是通过大宗交易出掉的，现在 90 天内最多只能减持 2%，且接盘方必须锁仓 6 个月，由于风险太大，没多少机构愿意接这个盘，因此，大宗交易方式越来越不受欢迎。

表 3–6　2012~2018 年大股东正常减持方式统计

年份	协议转让		集中竞价		大宗交易		合计	
	减持次数	股数（亿股）	减持次数	股数（亿股）	减持次数	股数（亿股）	减持次数	股数（亿股）
2012	55	40.88	95	7.62	312	27.75	462	76.25
2013	109	59.56	81	7.46	647	59.70	837	126.72
2014	124	51.87	209	29.53	767	91.24	1100	172.64
2015	350	290.73	372	118.43	600	121.07	1322	530.23
2016	233	203.30	49	10.19	659	106.44	941	319.93
2017	165	169.27	37	5.62	269	54.42	471	229.31
2018	273	187.43	73	6.74	182	22.12	528	216.29
合计	1309	1003.04	916	185.59	3436	482.74	5661	1671.37

表 3–7 统计了 2012~2018 年我国上市公司大股东违规减持方式。从发生违规减持的次数来看，大股东多采用集中竞价的方式进行违规减持，约占总违规减持的 54%。但从减持数量上看，采用大宗交易方式减持的股数最多，其次是集中竞价。而且“减持新规”出台后，大股东更倾向于采用集中竞价方式进行违规减持，无论是发生违规减持的次数还是减持数量，都是最多的。总之，不管是违规减持次数还是减持股数，无论是否出台“减持新规”，大股东都较少采用协议转让方式进行违规减持。

大股东违规减持很少采用协议转让方式，可能的原因是：第一，协议转让的比例都较大，单个受让方的受让比例不得低于公司股份总数的 5%，不能随意买卖，易引起监管者注意；第二，大股东试图减持的原因可能是预期公司盈利会大幅下降或股票被高估，所以很难找到协议转让的接盘者；第三，证监会一直对协议转让的出让方减持信息披露和受让方持股时间都有相对严格的规定，例如，出让方预先披露减持计划，包括减持数量、来源、减持时间、方式、价格区间和减持原因，接盘方必须锁仓 6 个月等。“新规”出台前，大股东偏好用大宗交易方式违规减持，“新规”出台后，更喜欢集中竞价方式，其原因可能是：第一，大宗交易在“新规”

出台前没有严格的限制，而“新规”对大宗交易的股份出让方、受让方应当遵守证券交易所关于减持数量、持有时间等做了具体的规定。之前，所有的清仓式减持都是通过大宗交易，现在 90 天内最多只能减持 2%，且接盘方必须锁仓 6 个月，由于风险太大，没多少机构愿意接这个盘。所以，2017 年前采用大宗交易方式违规减持的数量最多，2017 年后采用大宗交易方式违规减持的次数和股数大大减少。第二，“新规”出台前后对集中竞价交易方式的规定没有显著变化，只增加了“上市公司大股东与其一致行动人所持有的股份应当合并计算”，将大股东变成了“特定股东”。由于集中竞价要求 3 个月内减持数不得超过公司股份总数的 1%，因此，违规减持次数多，而减持的绝对股数少。

表 3-7　2012~2018 年大股东违规减持方式统计

年份	协议转让		集中竞价		大宗交易		合计	
	减持次数	股数（千万股）	减持次数	股数（千万股）	减持次数	股数（千万股）	减持次数	股数（千万股）
2012	0	0	1	0.001	1	0.04	2	0.041
2013	0	0	4	3.07	6	2.42	10	5.49
2014	0	0	12	4.48	12	15.23	24	19.71
2015	1	3.62	21	9.70	29	59.75	51	73.07
2016	6	6.99	28	12.28	12	27.91	46	47.18
2017	2	0.59	21	6.18	8	5.38	31	12.15
2018	5	0.38	19	14.74	8	2.48	32	17.60
合计	14	11.58	106	50.45	76	113.21	196	175.24

表 3-8 统计了我国上市公司大股东减持的公司数，2012~2018 年一共有 2647 家上市公司发生了大股东减持事件，其中，违规减持事件有 196 起，每家公司每年只发生了一起违规减持事件，所以有 196 家公司发生违规减持事件，发生违规减持的公司数占大股东减持的总公司数的 7.4%。即 100 家大股东减持公司中大约有 7.4 家属于违规减持。违规减持占减持公司总股数的比例每年平均不到 2%，最高为 1.95%，而正常减持最高每

年平均为 7.36%，最低为 2.72%。2012 年违规减持公司数和违规减持股数占当年减持总股数的比例都是最少的，从 2013 年起发生大股东违规减持的公司数占减持公司总数的比例急剧增加，2016 年达到最高峰，2017 年和 2018 年有明显下降，由于 2015 年发生减持的公司总数很大，因此违规减持比例相比 2016 年较小。

表 3-8　大股东减持公司年度分布

年份	违规减持		正常减持		合计	
	违规减持公司数	违规减持占减持公司总股比（%）	正常减持公司数	正常减持占减持公司总股比（%）	减持公司总数	违规减持公司数占减持公司总数比例（%）
2012	2	0.11	215	2.72	217	0.92
2013	10	1.95	367	3.08	377	2.65
2014	24	1.82	444	3.91	468	5.13
2015	51	1.60	515	3.05	566	9.01
2016	46	1.71	356	7.36	402	11.44
2017	31	1.55	264	6.92	295	10.51
2018	32	1.55	290	6.20	322	9.94
合计	196	—	2451	—	2647	7.40

图 3-1 用折线直观描述了 2012~2018 年大股东减持的变化趋势，由于每年正常减持公司数的绝对量变化较大，因此，正常减持的变化幅度明显大于违规减持。从相对数来看，2015 年的违规减持公司数是 2012 年的 25.5 倍，而 2015 年的正常减持公司数却不到 2012 年的 2.5 倍。

图 3-2 显示了我国上市公司大股东 2012~2018 年每年减持股数的变化情况，从图 3-2 可知，2012~2018 年正常减持数量先升后降，2015 年达到最高峰；而违规减持也呈先升后降的趋势，2015 年达到最高峰。结果显示，“减持规定”出台显著遏制了违规减持的发生，但在短时间内对正常减持的作用不大。另外，2015 年的股灾使股民对市场预期不看好，所以 2016 年仍然大量甩卖股票，但违规抛售的事件减少。

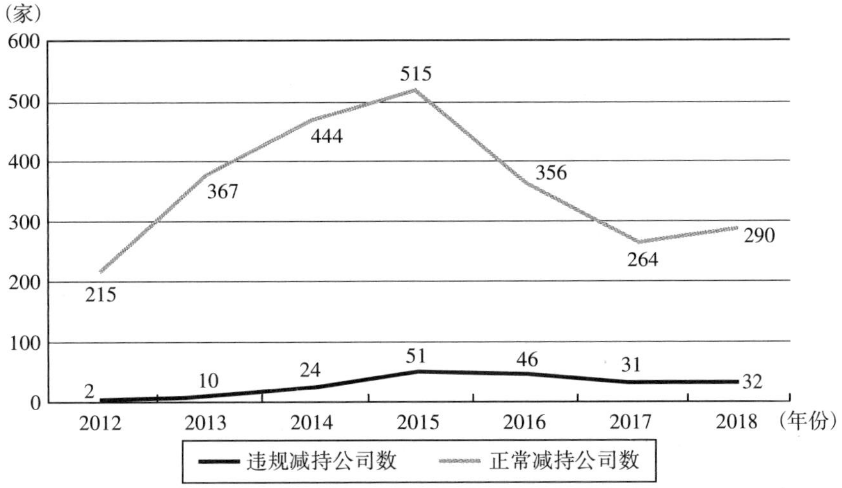

图 3-1　大股东减持公司数年度分布

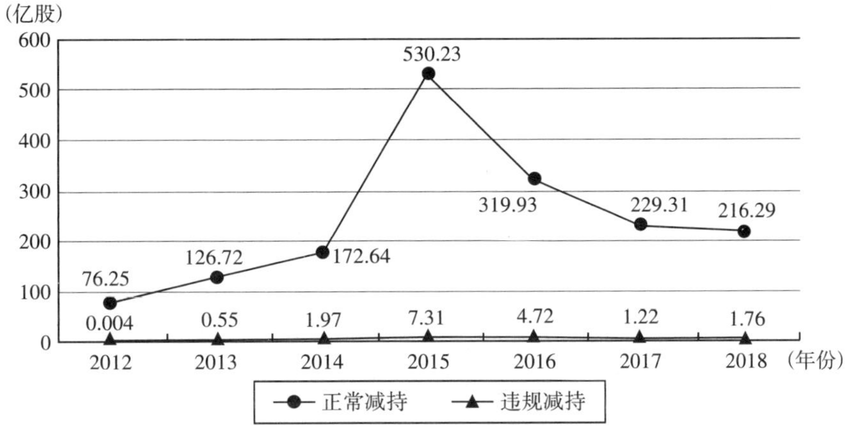

图 3-2　大股东减持股数年度分布

图 3-3 显示了 2012~2018 年我国上市公司大股东减持股数占减持公司总股数的平均比例，大股东正常减持股数占减值公司总股数比例 2016 年最高，2017 年位居第二。违规减持股数占减值公司总股数比例 2013 年最高，2014 年位居第二。总的来看，大股东正常减持比例远远大于违规减持比例。

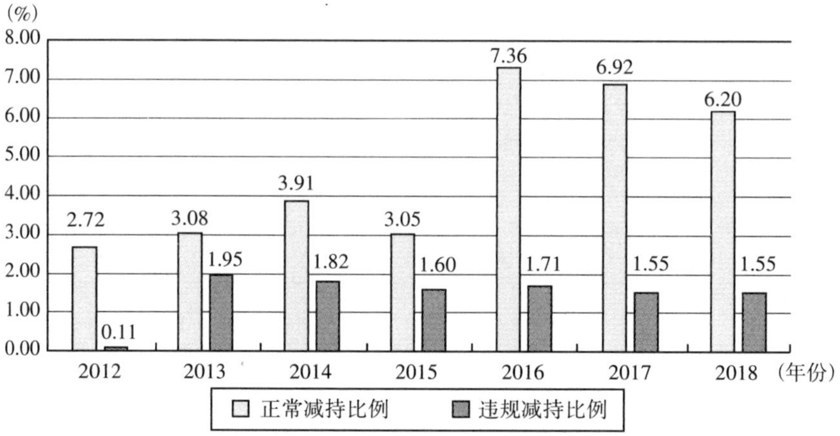

图 3-3　大股东减持比例年度分布

第四章 机构投资者与大股东减持时机选择

我国上市公司大股东与中小股东的利益冲突问题自证券市场诞生以来，便随着公司发展而产生并不断演化。在尊重大股东基本权利的同时保障中小股东合法利益，维持证券市场稳定与有序，一直都是各国证券市场监管者的职责所在。在投资者利益保护机制不完善和违法成本较低的制度情境下，"股权分置"所带来的同股不同权、同股不同利引发了股东内部矛盾，受控制权私利驱使，大股东通过股利分配等直接侵占方式或经由关联交易等间接输送利益方式侵占中小投资者利益（Beltratti et al.，2012）。股权分置改革后，大股东拥有的大量非流通股能够按照解禁期规定在二级市场上自由买卖，由此减持行为开始盛行。大股东通过减持以较低成本获得的非流通股，获得超额溢价收益，从而"大小非"减持成为大股东获取私有收益的一种新途径（Zhu and Wang，2015）。进入全流通时代后，具有中国特色的"大小非"减持热潮也并未退温。而且，随着 2009 年创业板诞生，创业板公司限售股逐步解禁加速了大股东减持行为。据统计，2010~2016 年，A 股市场累计减持近 7000 亿元，而累计增持大约 2000 亿元，减持规模明显成倍高于增持规模。许多大股东甚至经历一轮或多轮减持后持股数已变为零，实现了"清仓式""断崖式"减持。例如，大龙地产（股票代码 600159）的最大股东北京市顺义大龙城乡建设开发总公司原持股 47.7%，2016 年 4 月，减持 47.7%，退出大龙地产。违规减持的例子也是举不胜举。例如，山东墨龙（股票代码 002490）的董事长、实际控制人张恩荣和副董事长兼总经理张云三系父子关系，两人作为一致行动人发布虚假信息称2016年公司将扭亏为盈，在公司实际遭受重大亏损的情况下大幅减持股份，累计减持比例达到5%时也未进行报告和公告，并从减持中获得违法收益超过3000万元。其行为严重损害了中小股东利益，涉嫌违反《证券法》第八十六条的规定，构成《证券法》第一百九十三条所述的信息披露违法行为[①]。

已有研究（吴育辉、吴世农，2010；朱茶芬等，2010）发现，大股东凭借其信息优势，利用市场择机、业绩“画饼”、盈余管理等手段在减持前引诱中小投资者进场，随着市场股价不断攀升，适时实现高位减持。经过一番“资本运作”，大股东大获其利，而中小投资者却在大股东减持后面临市场供过于求的困境，蒙受市场股价下跌损失，为大股东减持被动“买单”。这不仅会动摇中小投资者长期持有的信心，还将使市场处于一种严重不公平状态，扰乱资本市场正常运行。为了促进证券市场健康稳定发展，证券监督委员会出台了一系列减持规定，但是效果并不显著，大股东违规减持行为仍在继续。因此，为规范大股东减持行为，学者们围绕大股东减持的动机、影响因素、解决对策等方面陆续展开研究。

有业内人士认为，机构投资者在大股东减持过程中扮演着重要角色。有关机构投资者参与大股东减持的研究呈现出两种不同观点：一种观点认为，机构投资者在大股东减持前的卖空行为抑制了大股东减持（Khan and Lu，2013）；另一种观点认为，机构投资者可能与大股东合谋，在减持前积极买入股票，引起股价波动，致使其他小股东蒙受损失（Ali et al.，2011；陈灿，2016）。机构投资者在大股东减持过程中到底扮演什么角色成了有趣的研究话题。本章依据2012~2016年数据，采用事件研究法和多元回归法，探究机构投资者的投资行为是否会影响大股东减持时机选择，并进一步挖掘机构投资者在大股东减持过程中扮演的角色是否受公司产权性质影响，即进一步验证在国有企业和非国有企业中机构投资者对大股东减持时机的选择是否产生不一样的作用。

① 参见中国证监会官网，http：//www.csrc.gov.cn。

本章贡献在于：第一，与已有研究不同，本章利用事件研究法深入大股东[①]减持过程，讨论大股东减持前机构投资者交易行为对大股东减持时机选择的影响。研究过程中，根据减持前机构投资者的净交易量，将其分为买入、卖出组，以获取股票超额收益作为行为目标，探讨机构投资者与大股东在减持过程中相互博弈的行为选择，以甄别机构投资者在大股东减持中扮演的是“合谋者”还是“监督者”。第二，不同产权属性的上市公司由于其制度背景等的不同，大股东减持情境和动机可能不同，因此，本章探究了不同产权属性上市公司中的机构投资者投资行为（买入或卖出）对大股东减持时机决策的影响差异，以揭示制度背景对公司治理的影响。

第一节　文献综述与研究假设

一、机构投资者与大股东减持的文献综述

大股东利用高送转、盈余管理、市场择机等手段进行高位减持，扰乱了资本市场本身的均衡状态（黄志忠等，2009），无论对中小股东还是证券市场而言，都将产生不利影响。理论界和实务界正在努力寻找原因，探索有效解决方法。目前，学者们主要讨论了大股东减持的内部影响因素、减持过程中的利益侵害行为以及减持的市场效应等。

从减持的内部影响因素来看，估值水平越高，大股东减持的心理预期会越强烈；业绩前景差、缺乏成长性的公司，控股股东减持欲望也会较高（张大勇、傅利平，2010）。除了市场股票的高估值和公司业绩前景引发强

① 本章的大股东指上市公司的第一大股东，且不包括机构投资者为第一大股东的情况，在选取样本时，剔除了第一大股东为机构投资者的样本。

度减持外，受行为金融学“前景理论”影响，陈维和吴世农（2013）发现创业板公司大股东和高管倾向于选择减持所带来的确定收益，以降低未来不确定性造成损失的可能性，因此，股票的高波动风险也可能会带来大股东轻度减持（朱茶芬等，2010）。股权分置改革后，非流通股交易费用大为降低，较低的交易费用使股权转让收益成为大股东私有收益的重要组成部分，由此激发大股东的减持动机（刘亚莉、李静静，2010）。此外，企业自身特征不同也可能是影响大股东减持的内部因素：一方面，企业产权特征可能影响大股东减持，国有企业大股东的持股决策需要在货币性收益效应和政治性效应之间做出权衡，国有控股股东的减持倾向较非国有控股股东低（俞红海、徐龙炳，2010）；另一方面，企业股权特征可能影响大股东减持，当公司股权制衡度较高时，大股东减持股份极易导致大股东面临丧失控制权地位、话语权被削弱的风险（贾明等，2009）。

享有控制权的大股东利用信息优势进行减持，背后暗藏着很深的套路，增加了市场信息的不对称，损害了其他中小股东利益。大股东减持过程中采用的利益侵害方式大致有三种：其一，市场择机拉升股价，配合大股东减持。在减持前的“敏感时期”，上市公司往往选择提前释放公司业绩大幅预增的信息或推后公告业绩下降的信息，大股东利用市场择机能力，在利好消息披露之后或坏消息披露之前及时减持，从中获取巨大收益（林振兴、屈文洲，2010）。一般来讲，在大股东减持前，上市公司倾向于披露正面的自愿性业绩预告，表现出明显的自利动机（鲁桂华等，2017）。其二，盈余管理拉高股价后适时减持。作为上市公司信息知情人或控制人，大股东减持时机的确定往往不仅仅是择机那么简单，大股东特别是控股股东可能直接介入公司经营管理及其政策制定，他们有机会通过盈余管理“创造”减持良机，以实现高减持收益（蔡宁、魏明海，2009；曹国华、林川，2014）。其三，高送转掩饰大股东减持。高送转本来是上市公司回报股东、暗示公司股票价值被低估、展现公司业绩状况良好的重要方式，然而，近年来高送转俨然已成为上市公司股东减持套现的“遮羞布”，很多上市公司打出“高送转 + 拉高股价 + 减持”的组合拳，利用中小个体投资者对高送转的偏好进行拉仓出货，从中赚取超额收益（李心丹等，2014；谢德仁等，2016）。

大股东频繁减持虽然使自身赚得盆满钵溢，却可能造成市场股价下跌，对证券市场和公司内在价值产生负面影响（吴育辉、吴世农，2010）。一方面，股票大量出售会打破股价原先的均衡状态，供大于需使股价下跌；另一方面，大股东持股比例下降削弱其监管经理人的动机，获取私人收益的动机增强，从而可能导致管理人员偷懒，公司价值和股价随之下降（黄志忠等，2009）。而且，控股股东减持会向外界传递公司业绩不好、成长性差、公司价值被高估等不利消息，于是其他股东会争相效仿，造成更大规模的抛售，从而加速股价下跌（陈维、吴世农，2013）。

有少数研究从地区市场化程度、外部审计质量（陈伟等，2016）等外部因素分析其对大股东减持的影响，进而探讨如何规范大股东减持行为。此外，有学者也注意到大股东减持行为与机构投资者投资行为的关系，讨论了机构投资者持股比例与股权分置改革后“大小非”减持定价的关系（吴超鹏等，2006），大股东减持意愿强弱与机构投资者资金净流出量多少的关系（陈灿，2016）。与已有研究不同，本章将机构投资者投资行为与大股东减持行为联系起来，采用事件研究法，探究机构投资者在大股东减持前的买入、卖出行为对大股东减持时机选择的影响机理，然后利用多元回归法进行实证检验。

二、研究假设

自中国证监会 2001 年提出“超常规发展机构投资者”的发展战略以来，机构投资者在上市公司中的持股比例不断攀升，其话语权也随之增强。与其他中小投资者相比，机构投资者具有独特的信息优势，信息挖掘和分析能力使其可能具有“双面角色”：一方面，积极的机构投资者在大股东与个体投资者之间架起信息传递桥梁，能够有效遏制大股东“掏空”行为（吴先聪等，2016），降低公司内部控制缺陷（李越冬、严青，2017），提高公司会计信息质量（杨海燕等，2012），并最终保护中小投资者自身利益；另一方面，具有信息优势的机构投资者也可能是“利益的追逐者”“市场的投机者”，不但不能纠正市场噪声引起的股票价格偏离，反而从股票的错误定价中获利，损害其他个体投资者利益（Zeng，2016）。总之，消息灵通的机构投资者利用丰富的专业知识，通过分析个股资金流向、价格走向和交易实质，更可能准确判断个股投资价值，并在此基础上通过庞大的资金流量影响股票市场价格（Chemmanur et al.，2015），进而可能影响大股东减持所获取的超额收益和时机选择。具体来说，在大股东减持前，消息灵通的投机（消极）机构投资者出于与大股东合谋的动机而积极买入该公司股票，此时，机构投资者的买入产生“示范效应”，非理性中小个体投资者可能被机构投资者买入所释放的公司利于投资的信息误导而跟风买进（耿志民，2012）。当公司股票原先的供需平衡状态被打破，需求大于供给时，股价就会走高，计划减持的大股东视时机而行，从减持中获取超额收益。可见，与大股东合谋的机构投资者能为大股东创造高位减持的良机。反之，在大股东减持前，消息灵通的积极机构投资者获取了大股东欲减持的内幕消息，他们将利用专业知识分析公司股票投资价值，如果发现不利于继续持有，他们可能会利用机构投资者网络采取集体行动，在大股东减持前抛售公司股票，中小个体投资者的“跟风效应”会引起股票下跌，因此，大股东很难获得高位减持机会，从而减少减持比例。因此，本章认为机构投资者在大股东减持前的投资行为（买入或卖出）将影响大股东从减持中获取的收益，即如果大股东减持前机构投资者选择买入，大股东更有机会在超额收益高时减持，则大股东减持的倾向愈大；反之，如果大股东减持前机构投资者选择卖出，大股东很难有机会在超额收益高时减持，则中小股东损失减少。

消息灵通的机构投资者感知到大股东的减持动机后，不同类型机构投资者将采取不同的投资对策。打算与大股东合谋的机构投资者将做好接盘准备，大量买入股票，买入行为将传递给市场其他中小投资者，从而拉升股价，给大股东营造高位减持套现的机会。试图保护中小投资者利益的机构投资者可能大量卖出股票或向其他中小投资者传递公司经营前景等信息，从而抑制大股东的减持行为。机构投资者通过资本市场给其他投资者传递信息、影响大股东减持时机选择，其影响路径如图 4-1 所示。

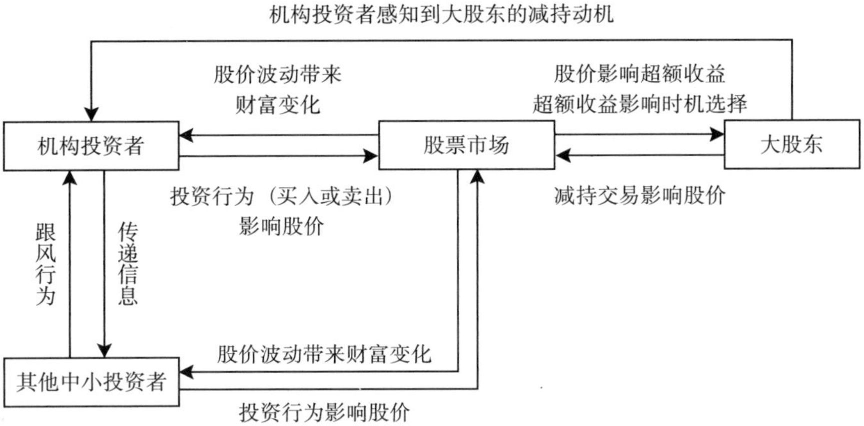

图 4-1 机构投资者投资行为对大股东减持的影响路径

第二节 样本选择与研究方法

一、样本选择与数据来源

本章以 2012~2016 年沪深 A 股上市公司发生的大股东减持事件为初始样本，根据研究需要对样本进行了以下筛选处理：第一，本章所指大股东为每家上市公司的第一大股东①，因此，结合前十大股东信息，手工收集属于第一大股东减持的减持事件。由于某些上市公司中机构投资者可能就

① 之所以选择公司第一大股东而非前十大股东作为本章所指的大股东，主要原因在于，公司前十大股东中，机构投资者往往占有较多席位，不利于单独研究机构投资者持股与大股东减持的关系。

是第一大股东，为清晰厘清机构投资者资金运动对第一大股东减持的影响，剔除机构投资者为第一大股东的减持事件。第二，剔除减持股份占流通股比例小于 1%的减持事件[①]。第三，剔除金融类和 ST（Special Treatment）类公司。第四，剔除数据缺失的公司。经过筛选，用于事件研究法的样本数为 1371 个。机构投资者买入、卖出量的数据来源于 wind 数据库中交易主体为机构投资者的资金流向指标，然后手工收集减持公告前后 20 个交易日机构投资者的买入、卖出量数据。其他数据主要来源于 CSMAR 数据库。事件研究法利用 EViews 9.0 完成，多元回归分析法用 Stata16 实现。

二、事件研究法

事件研究法广泛应用于研究经济事件对公司价值的影响，其基本原理为：假设市场有效，则有关事件的影响将在相对短暂时间内反映在证券价格中。于是，通过对事件发生前后股票价格变化的分析就可以评价某一事件的经济影响。本章将大股东减持后公告作为一个事件[②]，为剖析机构投资者投资行为对大股东减持的影响，根据减持公告前 20 天内公司所有机构投资者净买入量的正负，将样本数据分为机构投资者买入组和机构投资者卖出组，分别检验两组样本超额收益的数额以及变化趋势的不同。从超额收益的角度，探讨机构投资者的买入、卖出行为对大股东减持时机选择的影响机理。事件期窗口为公告前后 20 天，即［-20，20］；估计期窗口长度为 130 个工作日，即［-150，-21］。本章参照 Dodd 和 Warner（1983）的做法，采用市场模型法[③] 计算超额收益：

---

① 减持比例越小，大股东利用减持获取超额收益的动机越小，因此予以剔除。

② 我国证监会要求大股东应当在减持后 2 个工作日内披露减持信息。数据库中披露了减持公告日而没有披露减持日，因此，本章以减持公告日为事件日。

③ 选择市场模型法的原因在于：第一，市场模型是常均值模型的改进，且可以规避资本资产定价模型的弊端；第二，市场模型可以起到其他经济模型相同的作用且应用更为简便。

$$R_{it} = \alpha_i + \beta_i R_{mt} + \varepsilon_{it} \tag{4-1}$$

$$E(R_{it}) = \alpha_i + \beta_i R_{mt} \tag{4-2}$$

式（4-1）利用估计窗口［-150，-21］的数据，通过最小二乘法（Ordinary Least Square，OLS）回归估算系数 α_i 和 β_i，并假设在整个事件发生前后参数 α_i 和 β_i 保持不变，将其作为估计预期收益率的参数。其中，R_{it} 是 i 公司第 t 个交易日的实际收益率；R_{mt} 是市场收益率，本章采用 CSMAR 数据库考虑现金红利再投资的综合市场回报率作为 R_{mt}；ε_{it} 是回归的残差项。式（4-2）估计事件期［-20，20］i 公司第 t 个交易日的预期收益率 E（R_{it}）。

$$AR_{it} = R_{it} - E(R_{it}) \tag{4-3}$$

$$\overline{AR_t} = \frac{1}{N}\sum_{i=1}^{N} AR_{it} \tag{4-4}$$

$$CAR[t_1, t_2] = \sum_{t=t_1}^{t_2} \overline{AR_t} \tag{4-5}$$

式（4-3）计算事件期［-20，20］i 公司第 t 个交易日的超额收益率 AR_{it}；式（4-4）计算事件期第 t 个交易日的平均超额收益 $\overline{AR_{it}}$；式（4-5）计算事件期［t_1，t_2］的累计超额收益率 CAR［t_1，t_2］。

第三节　事件研究法结果分析

一、大股东减持的时机选择

根据前述计算平均超额收益率（Average Abnormal Return，AAR）和累计超额收益率（Cumulative Abnormal Return，CAR）的方法，计算得出上市公司减持公告前后 20 个交易日的平均超额收益率和累计超额收益率，具体结果如表 4-1、图 4-2、图 4-3 所示。在没有区分买入组和卖出组时，AAR 值在事件期［-20，-3］围绕 0 上下波动，但波动幅度不大，说明在这期间股东能获得正常收益；AAR 值在事件期［-2，-1］大幅下降，t＝0 和 t＝1 时，显著为负，说明大股东减持并未对减持当日的市场股价造成冲击，直至减持公告日市场才开始做出反应，AAR 值在 t＝0 时达到最低值-0.66%；从整个事件期［-20，20］来看，除事件期［-2，1］AAR 值波动较大外，其余交易期 AAR 值基本围绕 0 上下波动且波动幅度不大。同时，减持公告日前 20 个交易日被减持上市公司的 AAR 值均为正，减持公告日当日及之后的 20 个交易日 AAR 值多为负数或接近 0。计算结果表明：大股东能选择在平均超额收益为正时适时减持，具有明显的市场择机能力；大股东减持会引起股价下跌，对市场造成负面效应。

在事件期［-20，-3］期间，CAR 值均为正数但变化不大，没有明显上升；在事件期［-2，-1］期间，CAR 值开始出现明显上升，于减持公告日前 1 个交易日达到峰值 3.80%，且 T 值显著。在 t=0 时，CAR 值开始逐渐下降。从整个事件期［-20，20］累计超额收益率的变化模式来看，CAR 值总体呈先升后降的倒 V 形，在减持公告前 1 个交易日达到最高值，大股东表现出明显的时机选择能力。

二、机构投资者投资行为与大股东减持的时机选择

为了探究机构投资者的持股行为是否会对大股东减持的时机选择产生影响，进而厘清影响路径，本章根据减持公告前 20 个交易日机构投资者净交易量的正、负，将全样本分为机构投资者买入组（净交易量为正）和机构投资者卖出组（净交易量为负），统计分析结果如表 4-1、图 4-2、图 4-3 所示。从整个事件期［-20，20］来看，在机构投资者买入组，大股东减持公告前后 20 个交易日的 CAR 值明显高于机构投资者卖出组。在减持公告日前 1 个交易日（t＝-1），机构投资者买入组样本中大股东减持所获得的 CAR 值为 8.90%，明显高于机构投资者卖出组大股东减持所获

表 4-1 大股东减持前后超额收益变化

交易日	全样本				机构投资者买入组				机构投资者卖出组			
	AAR (%)	T 值	CAR (%)	T 值	AAR (%)	T 值	CAR (%)	T 值	AAR (%)	T 值	CAR (%)	T 值
-20	0.27	1.50	0.27	1.06	0.16	0.91	0.16	0.91	0.34	1.19	0.34	0.84
-10	0.18	1.02	1.95	2.74***	0.57	3.73***	2.63	4.49***	-0.08	-1.73*	1.50	-0.14
-9	0.01	-0.27	1.96	2.56**	0.39	2.35**	3.02	4.97***	-0.25	-2.26**	1.25	-0.76
-8	0.16	0.82	2.12	2.68***	0.39	2.37**	3.41	5.42***	0.01	-0.87	1.26	-0.96
-7	0.19	1.79*	2.31	3.05***	0.79	5.85***	4.20	6.75***	-0.21	-2.47**	1.05	-1.57
-6	0.04	0.36	2.35	3.05***	0.52	3.7***	4.72	7.46***	-0.28	-2.57**	0.77	-2.16**
-5	0.33	2.81***	2.69	3.64***	0.79	5.06***	5.51	8.46***	0.03	-0.51	0.80	-2.22**
-4	0.13	1.24	2.82	3.83***	0.62	3.93***	6.14	9.15***	-0.20	-1.60	0.60	-2.53**
-3	0.17	1.80*	3.00	4.14***	0.76	5.52***	6.90	10.17***	-0.22	-2.18**	0.39	-2.97***
-2	0.59	6.36***	3.59	5.46***	1.22	8.89***	8.12	11.90***	0.17	0.95	0.55	-2.68***
-1	0.21	1.48	3.80	5.65***	0.78	4.72***	8.90	12.64***	-0.17	-1.95*	0.39	-3.04***
0	-0.66	-8.21***	3.14	3.77***	-0.31	-2.95***	8.59	11.73***	-0.89	-8.19***	-0.50	-4.72***
1	-0.17	-1.98**	2.97	3.27***	0.13	1.08	8.72	11.69***	-0.36	-3.44***	-0.86	-5.33***
2	0.01	0.38	2.98	3.28***	0.25	2.08**	8.97	11.87***	-0.16	-1.21	-1.02	-5.46***
3	0.04	0.78	3.02	3.37***	0.28	1.76*	9.25	11.98***	-0.11	-0.44	-1.13	-5.44***
4	0.04	0.20	3.07	3.34***	0.25	1.65*	9.50	12.07***	-0.10	-1.09	-1.23	-5.55***
5	0.06	0.22	3.12	3.32***	0.32	1.69*	9.82	12.17***	-0.12	-1.10	-1.35	-5.66***

续表

交易日	全样本				机构投资者买入组				机构投资者卖出组			
	AAR (%)	T值	CAR (%)	T值	AAR (%)	T值	CAR (%)	T值	AAR (%)	T值	CAR (%)	T值
6	-0.25	-2.30**	2.87	2.83***	-0.10	-0.49	9.72	11.86***	-0.35	-2.57**	-1.70	-6.04***
7	0.02	0.30	2.89	2.83***	-0.01	-0.19	9.72	11.62***	0.04	0.54	-1.66	-5.84***
8	-0.14	-1.18	2.76	2.57**	-0.02	-0.45	9.70	11.34***	-0.22	-1.16	-1.88	-5.95***
9	-0.30	-2.83***	2.46	2.02**	-0.23	-1.73*	9.46	10.85***	-0.34	-2.25**	-2.22	-6.26***
10	-0.15	-1.52	2.31	1.72*	-0.04	0.06	9.42	10.69***	-0.22	-2.02**	-2.44	-6.51***
20	-0.12	-1.80*	0.58	-1.56	-0.26	-1.51	7.85	7.76***	-0.02	-1.09	-4.27	-8.36***

注：*、**、*** 分别表示在 10%、5%、1%水平上显著。

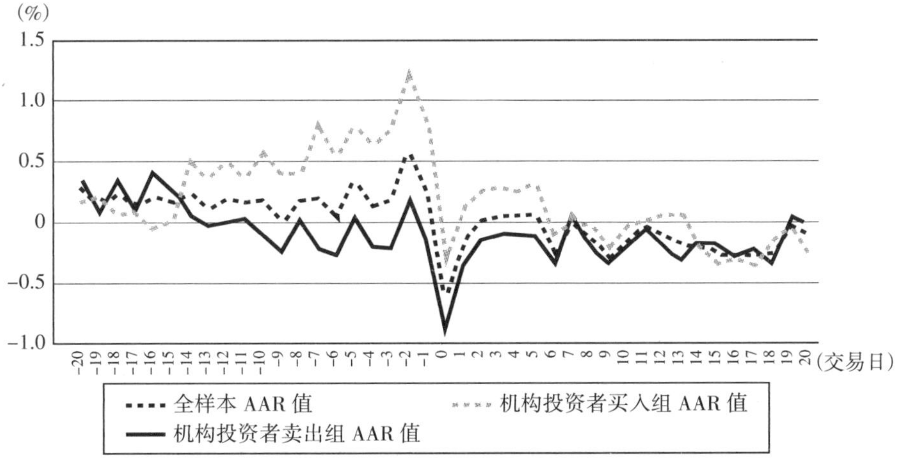

图 4-2　A 股市场 AAR 值

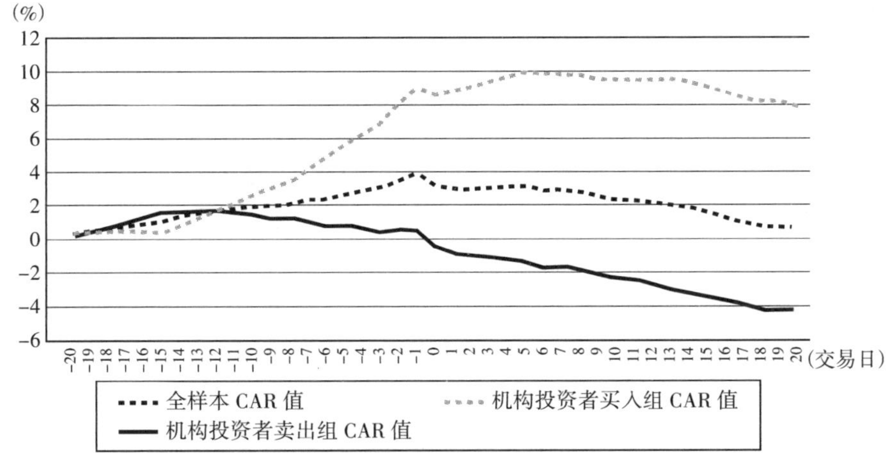

图 4-3　A 股市场 CAR 值

得的 0.39%。从大股东减持比例来看，买入组中的大股东减持比例（平均减持 2.71%）显著高于卖出组中的大股东减持比例（平均减持 2.63%）。这些结果表明，机构投资者投资策略显著影响了大股东在减持过程中获取的超额收益。

减持公告前 20 个交易日，机构投资者买入组的 AAR 和 CAR 值大致呈现出逐渐上升的趋势，AAR 从 0.16%上升到 0.78%，CAR 从 0.16%上升到8.9%。结果表明，机构投资者的买入行为可能向其他中小个体投资者传递公司利于投资的信息，从而产生“示范效应”带动中小个体投资者跟风买进，并最终拉动公司股价持续走高，在这一过程中，大股东减持能获得正的超额收益，使减持所获得的累计超额收益不断增加。但是随着减持公告的发布，市场开始获取到大股东减持的信息，CAR值开始波动下降。在机构投资者卖出组，大股东减持公告前，累计超额收益率显著为正，但已经开始呈现下降趋势。具体地，大股东减持公告前10个交易日，AAR值从-0.08%下降到-0.17%，CAR值从1.5%下降到0.39%。结果表明，机构投资者的卖出行为可能传递出公司不利于投资的信息，从而引起市场上其他中小投资者对股票的卖出行为，大股东减持前该公司股票供大于求导致股票价格开始下跌。减持公告后20个交易日，AAR和CAR值显著为负且仍呈下降趋势，在减持第20个交易日CAR值更是下降到显著的-4.27%，表明大股东减持加剧了股价急剧下跌。

从上述结果可以看出，在机构投资者买入组和卖出组，大股东减持的时机选择能力存在差异。在机构投资者买入组，大股东减持前机构投资者的买入行为会引发非理性中小个体投资者跟风买进，刺激投资者情绪高涨，对公司股票需求激增，股价相应被抬高，大股东更有机会在高位减持中获取超额收益。随着大股东的减持，公司股票随之下跌，给市场带来负面效应，中小投资者蒙受损失。在机构投资者卖出组，大股东减持前机构投资者已经开始抛售公司股票，其卖出行为会向外部中小个体投资者传递市场被高估的信号，中小个体投资者“跟风效应”会引起公司股票下跌，大股东减持行为助推悲观投资者进一步抛售股票，加剧股票下跌。在这种情况下，对于那些想从减持中获利的大股东而言，其减持动机会下降。统计结果显示，卖出组大股东减持比例（平均减持2.63%）小于买入组减持比例（平均减持2.71%）。以上分析表明，买入组机构投资者更可能扮演了“合谋者”角色，而卖出组机构投资者更可能扮演了“监督者”角色。

三、不同时间窗口大股东减持收益

本章将时间窗口细分为减持公告前后5个交易日、10个交易日和20个交易日，做进一步探讨。如表4-2所示，从全样本来看，无论怎样划分时间窗口，CAR值在减持公告前均显著为正，减持后均显著为负。在机构投资者买入组，大股东减持公告前的CAR值明显高于大股东减持后；在机构投资者卖出组，大股东减持公告前10个交易日CAR值开始出现负值，同时，通过比较机构投资者买入组和卖出组可以发现，无论处于哪一时间窗口，机构投资者买入组的CAR值均明显高于机构投资者卖出组，两者存在显著差异。这与前面分析一致，机构投资者买入组和机构投资者卖出组大股东减持表现出不同的市场择机能力。

表4-2　不同窗口CAR值

	[-20，-1]	[-10，-1]	[-5，-1]	[0，5]	[0，10]	[0，20]
全部样本	3.80 (5.65)***	2.02 (3.80)***	1.44 (2.99)***	-0.68 (-1.66)*	-1.49 (-2.86)***	-3.21 (-5.56)***
机构投资者买入组	8.90 (12.64)***	6.85 (10.06)***	4.18 (6.13)***	0.92 (1.02)	0.51 (0.44)	-1.05 (-1.19)
机构投资者卖出组	0.39 (-3.04)***	-1.20 (-3.31)***	-0.38 (-1.15)	-1.74 (-2.98)***	-2.83 (-4.05)***	-4.66 (-6.21)***
机构买入与机构卖出差异检验T值	(9.28)***	(13.17)***	(10.15)***	(4.57)***	(3.99)***	(3.19)***

注：括号内为T值，*、**、***分别表示在10%、5%、1%的水平上显著。

四、不同年份大股东减持收益

表4-3统计了各年度大股东减持样本分布情况和不同年份、不同窗口期和不同组大股东减持前后累计收益率情况。从表4-3可以看出，2012年样本量最少，2013~2016年样本量急剧增加，2015年达到最高峰，说明大股东减持在这几年日渐频繁。而且，在大股东减持样本中，机构投资者

卖出组样本逐年多于买入组样本，表明越来越多机构投资者知道大股东减持的内幕信息后想抛售手中的股票，而不是买入股票抬高股价，帮助大股东在高位减持。表 4-3 显示：除 2012 年和 2013 年的机构卖出组外的其余年份，大股东减持前获取的超额收益均明显高于减持后；大多数年份的机构投资者卖出组中，大股东减持公告前的 CAR 值已经呈现出负值，且比较机构投资者买入组和卖出组可以看出，除 2012 年和 2013 年外，其余各年份大股东在机构买入组获取的减持收益明显高于机构卖出组，两者存在显著差异。2012 年和 2013 年存在特殊情况，原因可能是样本量较少。通过分年份分析机构投资者买入组和卖出组大股东减持获取超额收益的差异后，得到了与前面一致的结论，即在机构投资者买入组和机构投资者卖出组，大股东减持的时机选择能力存在差异。

表 4-3 不同年份大股东减持前后 CAR 值

年份		样本量	[-20，-1]	[0，20]
2012	机构买入组	29	7.47（3.27）***	-8.09（-2.69）
	机构卖出组	33	-2.65（-1.42）	5.26（0.66）
2013	机构买入组	91	10.18（6.17）***	0.15（0.36）
	机构卖出组	93	-4.14（-3.54）***	1.60（1.09）
2014	机构买入组	169	4.66（4.90）***	-3.81（-2.71）***
	机构卖出组	224	-4.76（-5.45）***	-9.19（-7.74）***
2015	机构买入组	164	15.01（9.98）***	1.67（1.78）*
	机构卖出组	287	8.04（5.80）***	-3.99（-0.86）
2016	机构买入组	96	5.77（3.71）***	-3.04（-2.17）**
	机构卖出组	185	-2.49（-4.47）***	-4.88（-4.35）***

注：括号内为 T 值，*、**、*** 分别表示在 10%、5%、1%的水平上显著。

第四节　进一步研究

由于我国国有和非国有上市公司所面临的国家政策、监管机制等不同，承受的政府干预程度以及表现出的治理特征也存在显著差异，因此，上市公司产权属性不同，大股东减持获取的减持收益也可能不同。本章按产权性质不同，将样本公司分为国有企业和非国有企业，分别检验两类企业大股东减持获取的收益是否存在差异，均值差异分析的 T 检验结果如表 4-4 所示。

表 4-4　国有企业和非国有企业大股东减持收益差异均值比较

	[-20，-1]	[0，20]	[-20，20]
国有企业减持收益均值	10.22	-3.40	6.81
非国有企业减持收益均值	3.13	-3.19	-0.06
国有企业和非国有企业差异 T 检验	(4.40)***	(-0.11)	(3.47)***

注：括号内为 T 值，*、**、*** 分别表示在 10%、5%、1%的水平上显著。

表 4-4 结果表明，在产权性质不同的国有企业和非国有企业，大股东在减持公告前 [-20，-1] 以及在整个事件期 [-20，20] 获取的收益存在明显差异，国有企业大股东减持能获取更高的减持收益，减持公告前 [-20，-1] 期间差异检验 T 值为 4.40，且在 1%水平上显著；整个事件期 [-20，20] 差异检验 T 值为 3.47，且在 1%水平上显著。

基于此，本章将进一步检验不同产权属性下机构投资者投资行为对大股东减持时机选择的影响差异。根据被减持上市公司产权属性不同，本章将机构投资者买入组和卖出组进一步分类为国有买入组和非国有买入组、国有卖出组和非国有卖出组，以辨识不同产权属性下机构投资者投资行为（买入或卖出）对大股东减持时机选择能力的不同影响，具体结果如图 4-4、

图 4-5、图 4-6、图 4-7 所示。国有买入组 AAR 值在整个事件期［-20，20］上下波动，其中，事件期［-2，2］AAR 值波动幅度最大，在这期间，大股东减持当日及之前事件期的 AAR 值多为正数，减持公告日当日 AAR 值由正转负，急剧下降，减持公告日后 AAR 值多为负数，且明显低于减持公告前。在整个事件期［-20，20］，非国有买入组 AAR 值围绕 0 上下波动，减持公告日前 AAR 值明显大于减持后，其中，事件期［-2，2］AAR 值波动最为明显，t=0 时，AAR 值由正变负，达到最低值-0.30%。比较国有买入组和非国有买入组可以发现，整个事件期［-20，20］国有

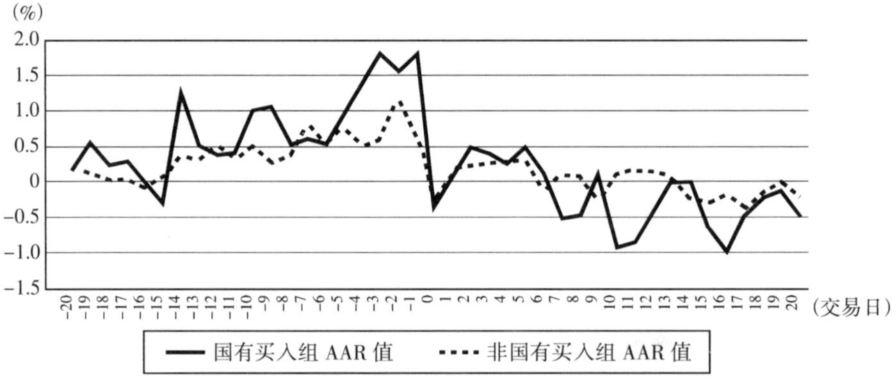

图 4-4　考虑产权属性后机构投资者买入组 AAR 值

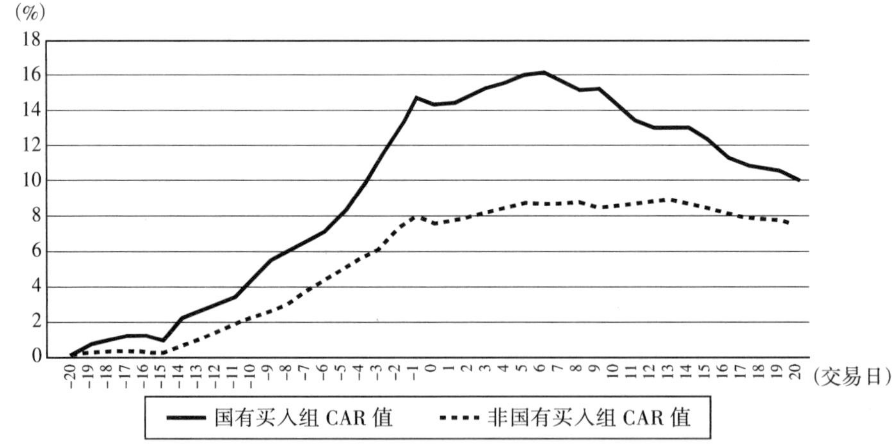

图 4-5　考虑产权属性后机构投资者买入组 CAR 值

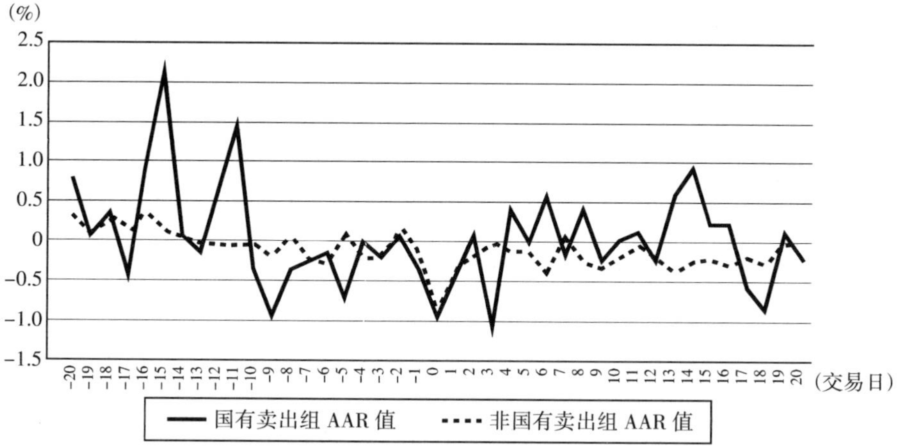

图 4-6　考虑产权属性后机构投资者卖出组 AAR 值

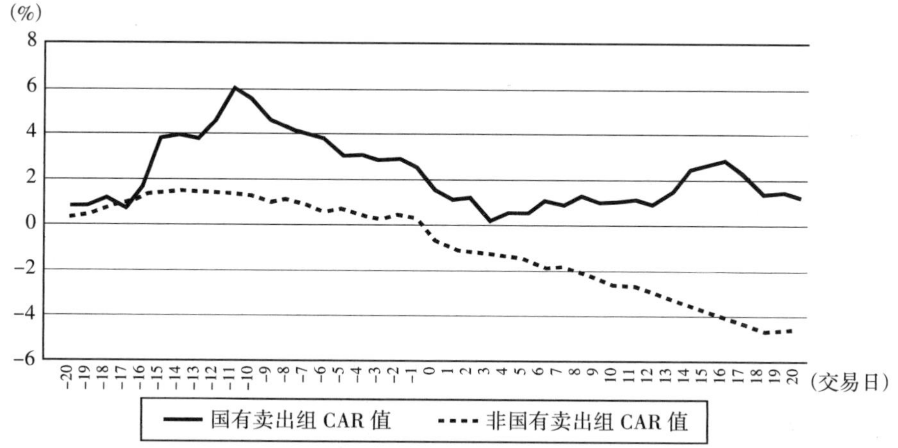

图 4-7　考虑产权属性后机构投资者卖出组 CAR 值

买入组 AAR 值的波动幅度大于非国有买入组，减持公告日前一个交易日（t = -1）国有买入组的 AAR 值同样高于非国有买入组，表明：

（1）国有买入组大股东减持所获得超额收益高于非国有买入组。与非国有上市公司相比，在国有上市公司中，机构投资者买入行为更利于大股东利用减持交易获取溢价收益。

（2）减持公告日后，国有买入组 AAR 值低于非国有买入组，表明大股东减持给国有买入组带来的负面效应大于非国有买入组。

在事件期［-20，-3］，无论是国有买入组还是非国有买入组，其CAR值均呈直线上升态势，减持公告日前一个交易日（t=-1）CAR值达到小高峰后马上下降，减持公告日（t=-0）达到新低。随后，国有公司买入组的CAR值微微上升，在公告日后第5天达到最高，然后随着大股东的减持交易，CAR值开始逐步下降，整个事件期CAR值均呈先升后降的趋势，而非国有组公告日后CAR值变化较小。比较国有和非国有买入组可以发现，当t=-1时，国有买入组CAR值高于非国有买入组，在国有买入组大股东能从减持交易中获得更多溢价收益，同样说明与非国有上市公司相比，在国有上市公司中，机构投资者买入行为更有利于大股东选择高溢价收益的时机进行减持交易。

在非国有卖出组，AAR值在事件期［-20，-3］围绕0上下波动，但波动幅度不大，其中，从减持公告前第13个交易日AAR值开始出现负值，随后便波动下降；AAR值在事件期［-2，-1］下降幅度最为明显，t=0时，显著为负且达到最低值-0.88%。说明在我国非国有上市公司中，机构投资者能在大股东减持公告前提前抛售，利用庞大的资金流出量并带动其他中小股东卖出影响市场股价，降低大股东利用减持交易获取的超额收益，并最终影响大股东减持的时机选择。同时，从整个事件期［-20，20］来看，减持公告日前20个交易日被减持上市公司AAR值明显高于减持公告日后，说明即使在非国有卖出组，大股东的减持交易仍然会对市场造成负面效应。与非国有卖出组相比，在整个事件期［-20，20］国有卖出组AAR值围绕0上下波动且波动幅度较大，但当t=-1和t=0时，AAR值并不显著，说明在我国国有上市公司中，机构投资者无法通过自身卖出行为有效影响大股东减持的时机选择。

对于机构投资者卖出组，无论是在国有上市公司还是非国有上市公司，CAR值在大股东减持公告前都已经呈下降趋势，大股东如果在此时选择减持，则会进一步释放市场被高估的信号，造成CAR值进一步走跌。比较国有卖出组和非国有卖出组可以发现，减持公告日前一个交易日

（t=-1）非国有卖出组CAR值明显低于国有卖出组，说明在非国有上市公司中，机构投资者卖出行为更能显著降低大股东通过减持所获取的超额收益，进而对大股东减持的时机选择能力产生影响。

在所有者缺位的国有上市公司（李增福等，2013），受政府干预的机构投资者采取股东积极主义行为的效果有限，保护投资者权益动机较弱（刘志远、花贵如，2009）。此时，机构投资者在大股东减持公告前的买入行为更可能出于与大股东合谋实现双赢的目的，因而更有利于大股东选择高超额收益的时机进行减持交易并从中获利，提高大股东减持的时机选择能力。与之相反，在监督机制更为健全的非国有上市公司，机构投资者所面临的政府干预程度较低，更能发挥积极治理作用。因此，在大股东减持公告前，机构投资者更可能利用信息优势和专业知识，不受外在干预独立分析个股投资价值，提前抛售大股东欲减持的股票，并带动其他中小股东的卖出行为，降低大股东利用减持交易获取的溢价收益，最终约束大股东减持的时机选择能力。

通过以上研究可以发现，在不同产权属性下，机构投资者投资行为对大股东减持行为选择的影响存在差异。在国有上市公司，机构投资者买入组大股东所获取超额收益高于在非国有上市公司，国有上市公司机构投资者买入行为更利于大股东选择高溢价收益的时机进行减持交易；在非国有上市公司，机构投资者卖出组大股东所获取超额收益低于在国有上市公司，非国有上市公司机构投资者卖出行为更能降低大股东利用减持交易获取溢价收益。研究结果表明，与国有公司相比，机构投资者在非国有公司发挥着更好的监督作用。

第五节　稳健性检验

一、机构投资者投资行为影响大股东减持的多元回归分析

为控制其他因素对股票超额收益率的影响，进一步验证大股东减持公告前机构投资者交易行为对累计收益率的影响，从而验证对大股东减持行为的影响，本章采用多元回归分析法再次检验前面结论，具体回归模型如下：

$$CAR[-2,\ 0) = \alpha_0 + \alpha_1 NInTrade + \alpha_2 Top1 + \alpha_3 ZH + \alpha_4 Dual + \alpha_5 InDr + \alpha_6 SSize + \alpha_7 ROE + \alpha_8 Growth + \alpha_9 Size + \alpha_{10} LEV + \alpha_{11} Turnover + \alpha_{12} State + \sum Year + \sum Industry + \varepsilon \tag{4-6}$$

模型（4-6）中，CAR［-2，0）表示大股东在减持交易后至减持公告前的累计超额收益；NInTrade 表示大股东减持公告前 20 个交易日机构投资者净交易量占该公司总股数比例（采用净交易量除以公司总股数）；本章还考虑了可能影响大股东减持前累计收益变化的其他重要变量：第一大股东持股比例（Top1）、股权制衡度（ZH，第二至第十大股东持股比例之和与第一大股东持股比例之比）、两职合一（Dual，若董事长兼任总经理取 1，否则取 0）、独立董事占董事会总人数比例（InDr）、监事会规模（SSize，监事会人数取自然对数）、净资产收益率（ROE）、公司成长性（Growth，当年营业收入增长额与上年营业收入总额之比）、公司规模（Size，总资产的自然对数）、资产负债率（LEV）、换手率（Turnover，采用流通股日均换手率）、是否国有企业（State，国有企业取 1，否则取 0）。此外，模型还控制了年度和行业两个因素。

本章利用 Stata 16 对模型（4-6）进行了回归分析，表 4-5 报告了回归结果。表 4-5 显示，无论是单变量还是多元回归，机构投资者在大股东减持公告前 20 个交易日的净买入量占公司总股数比例与大股东在［-2，0）事件期间的累计超额收益在 1%水平下显著正相关。结果表明，大股东减持前机构投资者净买入量越多，大股东减持获取累计超额收益可能越多，再次证明机构投资者买入行为有助于大股东在高价位进行减持。

表 4-5 机构投资者投资行为影响大股东减持的回归结果

	CAR［-2，0)	CAR［-2，0)
NInTrade	1.616（3.25）***	1.571（4.29）***
Top1		-0.005（-0.26）
InDr		0.047（1.72）*
Dual		-0.006（-0.77）
SSize		0.041（1.38）
ROE		0.010（0.65）
Growth		-0.043（-2.46）**
Size		0.130（2.81）***
LEV		-0.091（-2.52）**
ZH		0.027（0.70）
Turnover		-0.019（-1.84）*
State		0.026（1.72）*
Year		Control
Industry		Control
Constant	0.009（4.76）***	-0.099（-1.79）*
Chi2	10.53（0.001）	69.93（0.000）
R^2（within）	0.0125	0.0946
样本量	1364	1364

注：括号内为 T 值，*、**、*** 分别表示在 10%、5%、1%的水平上显著。

另外，独立董事比例与大股东减持获取累计超额收益在 10%水平下显著正相关，表明在大股东控制下公司独立董事无法发挥预期作用。公司规模与大股东减持获取累计超额收益在1%水平下显著正相关，而公司成长性和资产负债率与大股东减持获取累计超额收益在5%水平下显著负相关。流通股日均换手率与大股东减持获取累计超额收益在10%水平下显著负相关。

二、机构投资者投资行为与大股东减持时机选择的事件研究

为验证前面结论的可靠性，我们做了以下稳健性检验：第一，选用市场调整模型计算超额收益。市场调整法无须利用估计窗口的数据估计预期收益率，可直接将市场收益率作为预期收益率，则超额收益率为：$AR_{it}=R_{it}-R_{mt}$。进行显著性检验后发现，研究结果与市场模型下研究结果相似。图4-8和图4-9为利用市场调整模型计算机构投资者买入组和卖出组大股东减持的AAR值和CAR值的变化趋势。第二，根据减持公告前10个交易日机构投资者净买入量的正负，将全样本分为机构投资者买入组和机构投资者卖出组，在减持公告日前1个交易日（t=-1），机构投资者买入组大股东减持所获得累计超额收益为7.41%，明显高于机构投资者卖出组大股东减持所获得累计超额收益1.23%。如图4-10和图4-11所示，研究结果与前面结果一致，机构买入组和机构卖出组大股东减持获取收益存在显著差异。第三，根据公司上市板块不同，将样本公司区分为主板公司、中小板公司和创业板公司，如图4-12、图4-13、图4-14、图4-15所示，无论在主板、中小板还是创业板，在机构投资者买入组大股东减持获取的平均超额收益率和累计超额收益率均高于机构投资者卖出组，研究结果与前面相似。

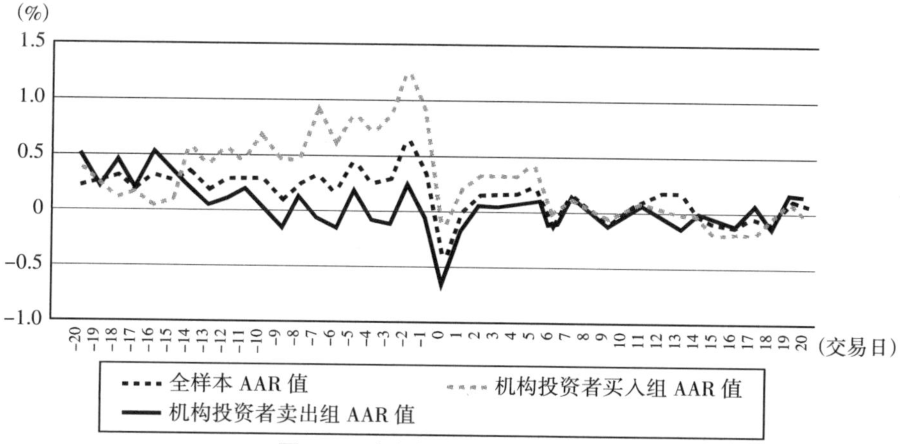

图 4–8 市场调整法下的 AAR 值

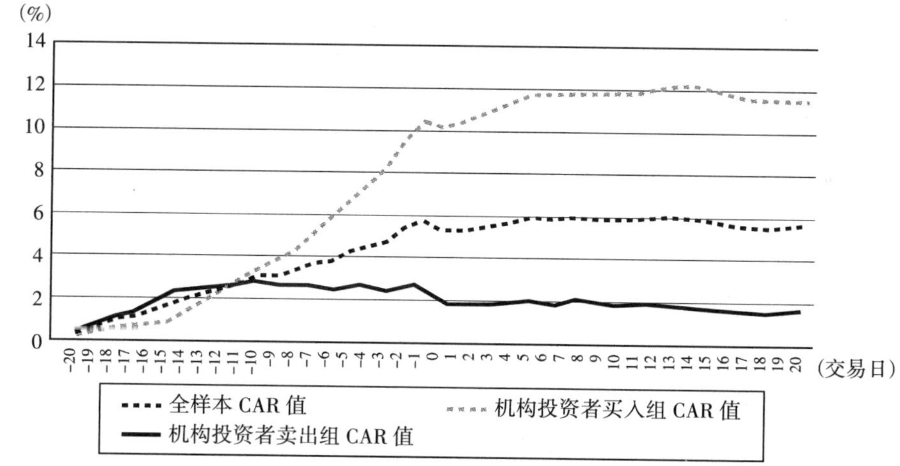

图 4–9 市场调整法下的 CAR 值

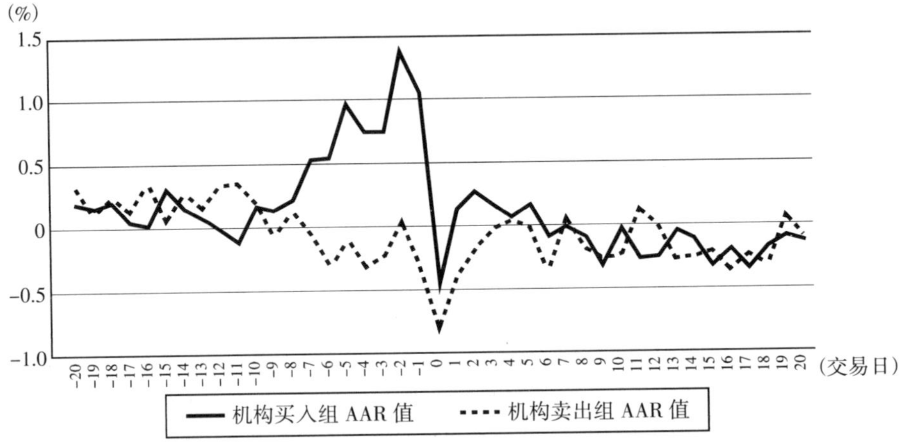

图 4–10　减持公告前 10 个交易日 A 股市场 AAR 值

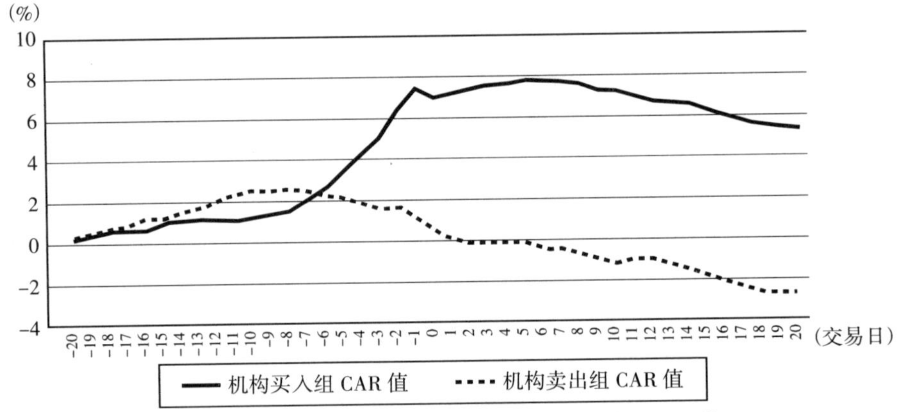

图 4–11　减持公告前 10 个交易日 A 股市场 CAR 值

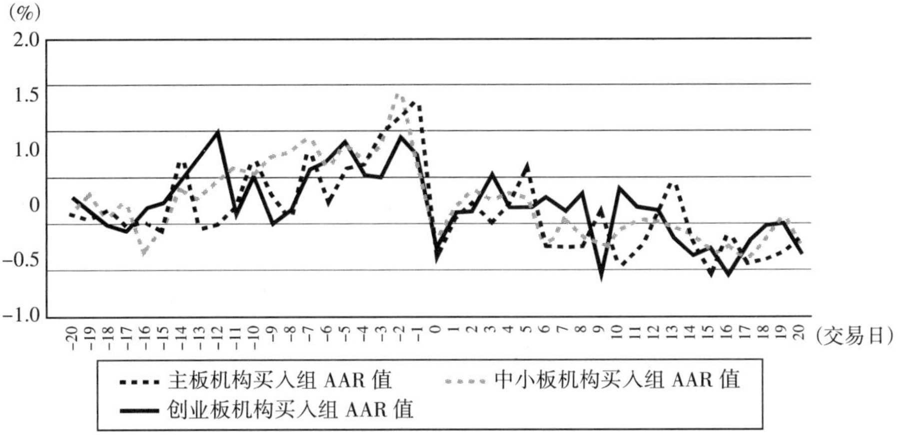

图 4-12　主板、中小板和创业板机构买入组 AAR 值

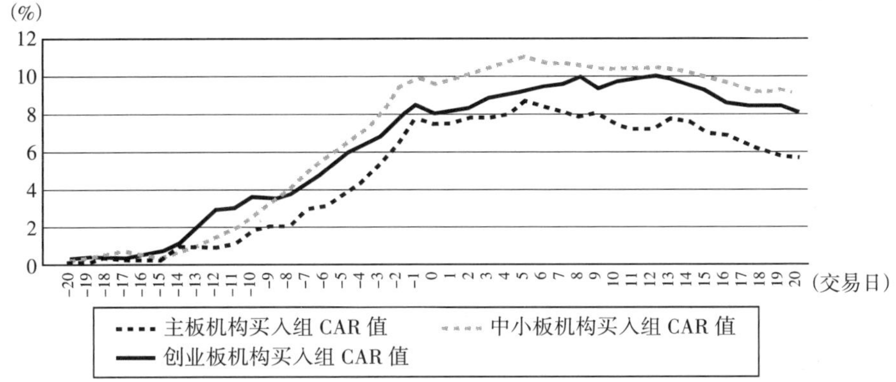

图 4-13　主板、中小板和创业板机构买入组 CAR 值

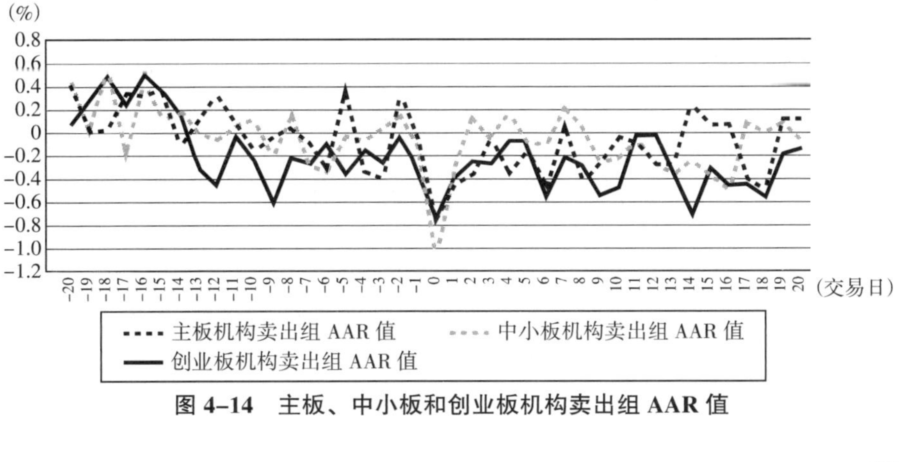

图 4-14　主板、中小板和创业板机构卖出组 AAR 值

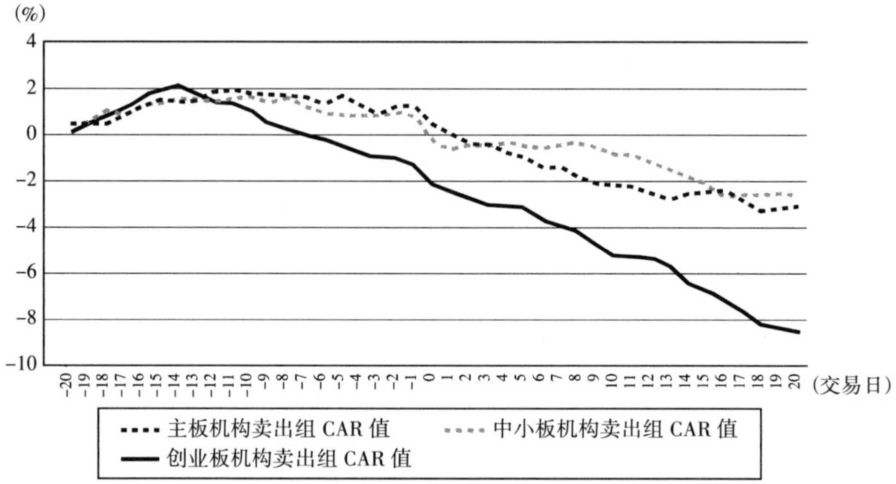

图 4–15 主板、中小板和创业板机构卖出组 CAR 值

第六节 本章小结

本章以中国沪深 A 股 2012~2016 年上市公司发生的大股东减持事件为样本，采用短时间窗口的事件研究法和多元回归分析法，检验大股东减持是否存在时机选择以及机构投资者投资行为是否影响大股东减持的时机选择。研究发现：大股东减持公告前后超额收益先升后降，总体呈倒 V 形，大股东能从减持中获取超额收益，表现出明显的减持时机选择行为和择机能力。通过分析机构投资者在大股东减持公告前后投资行为发现，机构投资者在大股东减持公告前的买入、卖出行为将通过“股价—股票超额收益率—减持时机选择”的传导机制影响大股东减持行为。具体表现为机构投资者买入行为有助于大股东选择高溢价收益的时机进行减持交易，而机构投资者卖出行为能降低大股东利用减持交易获取的溢价收益。进一步考虑上市公司产权属性后发现，不同产权上市公司中机构投资者投资行为对大股东减持时机选择的影响存在差异，表现为国有上市公司中机构投资者买入行为促进了大股东选择高溢价收益的时机进行减持交易，非国有上市公司中机构投资者卖出行为更能降低大股东利用减持交易获取的溢价收益。

基于以上研究结果，为了防止大股东利用减持股票侵占中小投资者利益，可以从以下几方面入手：第一，规范大股东的减持行为。合理制定持股锁定期、减持数量比例、减持方式等相关制度，并要求上市公司及时披露减持进展情况，如有违规必须进行严厉惩罚，增加违规成本，以遏制大股东违规减持行为。另外，可以采取一些方法减少大股东违规减持动机，例如，将大股东所获超额收益暂时存放于公司，采用递延支付机制，可以缓解大股东通过市场择机、业绩“画饼”、盈余管理等手段实现高位减持，赚取短期利益后导致公司价值急剧下降的局面；采用疏堵相结合手段，加强对大股东减持行为的规范和疏导，堵住大宗交易漏洞，预防大股东从这个渠道减持套现。第二，合理发展机构投资者。作为大股东与散户的信息桥梁，机构投资者的角色不可忽视，相关部门须制定政策鼓励和推动机构投资者向价值投资型发展，禁止各种违规投机行为，减少与大股东合谋侵占中小股东利益的事件发生，促使其为个体投资者传递真实信息，为资本市场健康发展传递正能量。机构投资者应尽量服务实体经济的投融资需求，避免资金脱实向虚，在金融体系内部自我循环、投机炒作。第三，培养个体投资者投资能力。一方面，可以营造良好氛围，鼓励个体投资者主动学习投资相关知识，以提高自身专业素质，减少盲目跟风行为造成的投资损失。由于专业知识的欠缺，个体投资者无法利用专业知识对个股的投资价值做出比较合理的判断，从而容易受虚假信息误导。另一方面，可以充分发挥专业机构作用，开展一些培训活动，向个体投资者普及投资策略及投资方法等专业知识，引导其由股民转化为基民，帮助其为保障自身利益筑造一道自我防线。

第五章　独立董事制度与大股东违规减持

自2005年拉开股权分置改革序幕，我国证券市场逐步迈入全流通时代。随着“大小非”解禁，上市公司非流通股股东逐步在市场上抛售手中股份，这一变革有利于促进股权合理流动，但同时也滋生了大股东违规抛售股份侵占中小投资者利益、扰乱市场的行为。为了防止大股东恶意违规减持，证监会出台了一系列管制措施，要求持有或控制上市公司5%以上股份的股东减持股份时，应当按照证券交易所规则及时、准确履行信息披露义务。然而，尽管外部监管部门加大了规范大股东减持的约束机制，但大股东通过违规减持侵占其他股东利益的行为仍然屡禁不止。大股东利用信息优势操纵股价，不惜牺牲公司利益和声誉，在短期内牟取大量私利，这样不仅不利于提高公司治理水平，还会扰乱市场秩序。

如何有效监管和抑制大股东违规减持行为呢？外部监管还是内部治理？根据公司治理理论，“外监内治”才能有效防止大股东违规减持。当外部法律法规对违规行为进行规范、警示、处罚，大众媒体对违规减持行为进行揭露时，公司内部治理也需要发挥作用，才能有效防止、发现和纠正大股东违规减持行为。作为公司治理结构中的重要组成部分，独立董事制度是改善公司治理结构的重要举措，是维护公司整体利益、保护投资者特别是社会公众投资者合法权益的重要机制设计（全怡、郭卿，2017；刘诚，2017）。独立董事独立于股东和管理层，被寄予监督公司内部人控制的厚望。那么独立董事是否如预期般起到缓解公司代理问题的作用呢？如何完善独立董事制度使其更好发挥监督职能呢？这些问题亟待验证和解决。大股东减持作为我国股权分置改革之后的特有现象，也有许多学者对其动机、影响因素等方面进行了探究，但鲜有研究从内部治理机制这个视角探讨如何规范大股东减持行为，而研究独立董事制度对大股东违规减持监督作用的文献就更少了。基于此，本章试图通过独立董事的独立性、专业性、尽职程度，来衡量独立董事制度的有效性，探讨独立董事制度能否抑制大股东违规减持行为，并在区分不同股东性质的基础上，分析独立董事制度的具体作用机制。本章根据 2012~2018 年我国 A 股上市公司减持事件，探讨了独立董事能否有效抑制大股东违规减持。研究结论表明，独立董事占比越高，大股东违规减持的可能性和比例越小。进一步研究显示，具有法律专长的独立董事和参加会议次数较多的独立董事更可能抑制大股东违规减持可能性和比例。同时，本章研究了独立董事对不同大股东违规减持行为的影响，以及独立董事对不同板块上市公司大股东违规减持行为的影响。结果发现，独立董事能显著降低非控股股东违规减持，而对控股股东违规减持有抑制作用但是不太显著，独立董事对主板市场上市公司发挥了显著的监督作用，而对中小板和创业板上市公司的监督能力较弱。

本章与已有研究的不同之处在于：第一，已有研究主要探讨大股东减持动机、方式等，本章主要研究约束大股东违规减持的外部治理机制，即独立董事制度对大股东违规减持的影响。第二，已有文献主要研究独立董事人数或比例在公司治理中的作用，本章不仅考虑了独立董事比例这个表层因素，还探究了独立董事内在特征——法律专业性与在监督中的作用，以及独立董事履职路径对大股东违规减持的影响。第三，处于股权结构不同地位的股东，其对公司的控制能力、信息获取能力等不同，监督机制的约束效果也可能不同，本章检验了独立董事对控股大股东和非控股大股东违规减持的监督效果是否有差异。第四，基于我国多层次资本市场特征，剖析了不同板块大股东减持特征，研究了独立董事在不同板块中发挥的作用，可以为监管部门规范不同层级市场提供经验证据。

第一节　文献综述

随着“大小非”的解禁，大股东减持行为开始盛行，同时，随着2008年全球金融危机慢慢消退，大股东减持潮持续升温，成为诱发2015年股灾的一个重要因素（吴战篪、吴伟立，2018）。近年来，为了稳定市场发展、保护中小投资者利益，监管部门出台了一系列规章制度，以规范大股东减持行为，但大股东通过违规减持侵占其他股东利益的行为仍然屡禁不止。

独立董事制度的发展历程可以追溯到20世纪30年代，1940年，美国颁布《投资公司法》标志着独立董事制度正式产生。1977年，美国纽约证券交易委员会正式要求美国上市公司必须设立一个全部由独立董事组成的审计委员会。“安然”“世通”等事件使投资者蒙受了巨大损失，也使资本市场陷入“不安”之中，这一系列公司财务丑闻暴露了公司内部控制失衡、监督机制失效的弊病，社会各界要求进一步加强公司内部控制制度、完善公司治理机制。此后，独立董事制度在美国乃至全世界范围内得到了迅速发展。1997年，我国证监会发布的《上市公司章程指引》中指出，“公司根据需要，可以设独立董事”，首次引入独立董事概念。2001年8月16日，我国证监会发布了《关于在上市公司建立独立董事制度的指导意见》，要求上市公司全面引入独立董事制度。由此，独立董事制度在我国资本市场诞生，并逐渐成为公司治理机制中不可或缺的一部分。我国证监会引入独立董事制度的主要目的之一就是抑制内部人“掏空”行为，保护中小投资者利益（叶康涛等，2007）。

股份减持是公司股权结构、资本结构的转变，股权分置改革使非流通股份限售规定逐步解除，诱发了股东新一轮利益侵占（刘星、张超，2014）。大股东掌握公司多数股权，对公司经营和管理拥有“话语权”和

"知情权"，拥有对上市公司当前估值和未来业绩的信息优势，通过择机交易获取超额收益（朱茶芬等，2010），内部人还可以影响信息披露内容和时间，通过选择性披露来实现收益（Cheng and Lo，2006；吴育辉、吴世农，2010），而较好的市场、低违规成本和内外部监管不充分等因素，都能够成为促使大股东减持的有利条件（蔡宁、魏明海，2009）。公司股价被高估或低估、降低掏空成本、提高投资收益、避免投资风险等都是大股东减持的一系列动因（高燕等，2016），大股东将内部信息优势和市场环境相结合达到减持获利目的。这类内部人士减持，会严重损害中小股东利益，挫伤外部投资者信心，使大股东与中小股东站在对立面，产生利益分歧，提高公司融资成本，甚至引发公司股价崩盘的风险（吴战篪、吴伟立，2018），严重扰乱市场秩序。

独立董事制度的设置初衷是减少两类代理问题，缓解公司代理冲突，但研究结果有两种观点：一种观点认为，独立董事能够有效履行监督职责。上市公司的独立董事比例越大，发生财务欺诈的可能性越小（Beasley，1996）。独立董事的出现使公司及时规避风险，有效提升了盈余信息质量，增强了信息透明度和董事会独立性（Armstrong et al.，2014；Sila et al.，2017），提升了公司内部控制质量，改善了财务信息环境（Armstrong et al.，2014；Chen et al.，2015）。我国独立董事制度建立初期，发挥了积极作用，提高了公司信息的可信度（王跃堂，2003），增强了财务报表披露及时性，并借助外部审计治理机制，对大股东起到了制衡作用（余怒涛、葛桓志，2010）。另一种观点认为，独立董事没有发挥应有的监督职能。由于我国大多数独立董事由大股东提名，独立董事不独立，独立董事对公司业绩产生了模糊甚至负面的影响，与财务绩效和盈余管理之间的整体关系也不显著（张华伦等，2007），或会随财务信息不对称水平的变化而变化（Duchin et al.，2010）。

实务中，诸多因素影响独立董事监督作用的发挥，例如，公司股权集中度、独立董事占董事会的比例、董事声誉和津贴、具有财务或法律背景的独立董事等。公司股权集中度越高，大股东将拥有越多操控董事会的机会，削弱独立董事的作用。独立董事进行监督的主要动因是规避法律风险和声誉风险，有较高声誉的独立董事能够降低公司股价崩盘风险（Sila et al.，2017；杜剑、于芝麦，2019）。适当的津贴激励提高了独立董事履职积极性（张天舒等，2018），具有财务专长的独立董事能够有效减少公司中挪用资产事件的发生，并且具有相关行业背景和广泛专业知识的独立董事更愿意在董事会中参与讨论以及向首席执行官和管理团队提出挑战和询问（Mustafa and Youssef，2010）。具有法律背景的独立董事对投资者保护程度具有显著的正向影响（唐建新、程晓彤，2018）。专业技术型独立董事能促进公司绩效的提升（徐莉萍等，2018）。

第二节　研究假设

我国特殊的制度背景下发生了许多大股东违规减持事件，减持往往出于谋求私利的目的。不完备的市场、低违规成本和各种减持机会，被认为是促使大股东违规减持的有利条件。大股东通过获取内部非公开信息而获利，由于信息不对称造成的不公平交易增加了公司运营风险，扰乱了证券市场的有序运行。徐昭（2014）认为具有信息优势的内部人拥有提前获悉内幕信息和准确判断公司前景的能力，因此，往往通过这些优势获利，侵占其他利益相关者的利益。对于普通投资者而言，很难关注到内部人士的意向，使得大股东有充分机会实施违规减持行为，滥用控制权地位和信息优势侵害中小股东的合法权益（蔡海静等，2017）。此时，独立董事作为大股东与其他投资者之间良好关系的纽带，至关重要。

一、独立董事比例与大股东违规减持

独立董事在上市公司通常肩负着专业咨询和监督的责任，我国引入独立董事制度后，明确规定上市公司董事会中独立董事人数至少占董事会成员的1/3，由于其特殊的独立身份，与公司没有直接利益关系。公司聘请的独立董事通常是在专业领域有所建树且享有较高声誉的高素质人群，因此，独立董事往往会通过努力提高工作质量，提升公司业绩并维护中小股东利益的方式实现自我价值并提高声誉（王跃堂，2003）。国家治理机制和法律制度对独立董事的工作做出了一系列规范，使独立董事的懈怠行为需要付出高昂财产和声誉代价，这一外部约束也使独立董事必须对公司的治理问题加以关注（Yoshikawa et al.，2014）。当公司违规成本较低、经营业绩较高时，大股东有强烈的违规减持动机，而独立董事的特殊性使其不能够与大股东“分享”违规收益，但违规减持所导致的严重后果和潜在危机却威胁到了独立董事的声誉和收益（逯东等，2017），使独立董事面临更高的诉讼风险（Brochet et al.，2014），同时威胁其“不求有功，但求无过”的风险规避心理（周泽将等，2018），因此，对于违规违法行为，独立董事拥有更强烈的监督动机。在公司经营环境中，独立董事人数的增加，可以保证独立董事在公司经营管理中拥有更多话语权，能够对管理层战略决策和公司发展提供更专业、更中立的建议，显著提升公司经营业绩（王跃堂等，2006）。独立董事比例增加的同时，其对内部人的监督能力也会增加，在现实实践中，独立董事往往存在兼职情况，在精力有限的情况下，更多的独立董事能够更全面细致地了解公司经营管理的方方面面，能更及时发现并有效预防管理层等内部人士的违法违规行为，显著降低公司的财务舞弊行为（Beasley，1996），从而有效抑制大股东违规行为的发生。同时，独立董事出于维护董事声誉的目的，会提供更多有效的市场信息并密切关注公司内部信息披露程度，监督大股东违规减持行为，抑制大股东“掏空”行为（毛建辉，2018）。因此，只有保证独立董事在董事会中的数量和比例，才能够发挥其监督效应，提高信息披露，保护中小投资者利益，健全公司治理。

从公司内部治理结构角度出发，控股股东作为掌控公司“大权”的内部人员，更有机会滥用权力牟取私人收益，不顾公司“死活”违规减持。

我国正处于“新兴+转轨”特殊制度背景下，董事会受控股股东控制较为严重，独立董事更加难以发挥监督治理作用（戴文涛等，2018），而且控股股东从股份减持中获利的水平显著高于非控股股东，“减持”成为控股股东利用控制权谋求私利的一种途径（刘亚莉、李静静，2010），因此，控股股东有更强的动机进行违规减持。一般来说，股权集中度较高、治理环境较差的公司中独立董事比例较低，在高度集中的股权结构下，公司大股东或控股股东拥有操控董事会的动机与能力，会阻碍独立董事监督作用的发挥（梁权熙、曾海舰，2016）。在我国，控股股东通常是公司的实际控制人，独立董事的选举和任免在很大程度上是由大股东决定的，难以代表中小股东的立场，不能够有效抑制控股股东的掏空行为（陈雷、李国正，2016），而具有不同从业经历和专业背景的独立董事对控股股东掏空问题的监督效果也不同（王凯等，2016）。

我国股票市场分为场内市场和场外市场，场内市场根据资本结构不同，分为沪深主板、中小板、创业板市场，场外市场主要包括区域性股权交易和交易柜台市场。沪深主板市场上市标准最为严格，多为在各自所属行业发展进入成熟期的大型传统公司，有健全治理体系和运营系统，具有较大资本规模和稳定盈利能力。中小板是相对于主板而言的，即中小公司板块，上市门槛接近主板公司，流通盘在1亿元以下，是创业板的过渡，公司大多处于成长期，规模较主板公司略小但发展速度快、潜力大。创业板又称二板市场，上市条件较为宽松，与主板在监管制度、信息披露、交易条件等方面存在较大区别。创业板主要服务于暂时未达到主板上市要求的创业型高科技新兴公司，这些公司通常规模较小，业绩不稳定，但技术性和成长性都很强。我国证券交易市场独特的多板块设计，满足了证券市场不同融资需求和投资需求，但由于不同板块准入机制、监管力度和信息披露程度存在差异，以及公司成长所属期间和治理程度的不同，不同板块下公司独立董事制度的建立和完善也存在较大区别，独立董事效用的发挥也会受到不同板块的制约。

通过上述分析，在本章中将独立董事制度对控股股东和其他大股东的违规减持行为一同纳入分析比较，能够更进一步了解独立董事制度在不同股权性质主体下的作用和存在的问题。同时探究独立董事制度在主板、中小板、创业板不同板块下的效应。基于上述分析，提出假设：

H5-1：独立董事占比与大股东违规减持行为呈负相关，即独立董事占董事会比例越高，越能抑制大股东违规减持行为。

H5-1a：相对于控股股东，独立董事对非控股股东违规减持行为的监督作用更强。

H5-1b：当其他条件不变时，独立董事在主板、中小板和创业板对大股东违规减持的监督作用不同。

二、独立董事尽职程度与大股东违规减持

虽然独立董事制度设立多年，但远未达到改善公司治理结构、促进上市公司合规运行以及保护中小股东权益的预期功能。通过调查我们发现，大多数独立董事身兼数职，较多精力集中于自己主业，独立董事则成为“副业”，难以合理分配时间和精力，兼职席位越多的独立董事，监督效果越弱（谢诗蕾等，2016；Masulis and Zhang，2019），可能对公司实际运行管理情况漠不关心，更无暇顾及其他股东利益，难以真正发挥作用。因此，独立董事应当勤勉尽职，才能发挥监督职能，勤勉的独立董事能够提高公司盈余质量、提升公司业绩（王雄元、管考磊，2006），防止大股东违规行为的发生。独立董事履职过程贯穿于其参与董事会决策过程，以对公司各项经营活动进行监督。研究者通常难以观察到其参加董事会时是否认真履职，更无法准确了解独立董事是否尽职履行了沟通、咨询、监督的职责。董事会会议是董事履行监督与咨询等职能的关键载体，是制度约束下董事履职强度的体现，董事会会议次数间接反映了董事参与公司治理的行为强度与努力程度，可以提高董事会治理效率。因此，往往将独立董事是否参与董事会会议、独立董事投票情况等作为考察独立董事履职情况的方式。证监会为保证独立董事的履职进行了规定，将独立董事出席会议情

况作为衡量履职情况的重要部分，规定独立董事连续3次未亲自出席董事会会议的，由董事会提请股东大会予以撤换，上市公司应当披露独立董事参加会议的情况。赵昌文等（2008）以独立董事出席董事会会议频率作为衡量标准，发现独立董事亲自出席董事会的频率与公司价值呈正相关。独立董事亲自参与会议次数越多，对公司各项事务也就越了解，越能够及时对公司发展做出判断，对大股东违规行为越能够提高警惕。

基于上述分析，提出假设：

H5-2：独立董事尽职程度与大股东违规减持比例呈负相关，即独立董事本年度亲自参与会议次数越多，大股东违规减持可能性越小。

三、独立董事法律专长与大股东违规减持

公司高管及大股东与中小股东之间存在信息不对称情形，内部人往往会利用对公司当前及未来经营情况的信息优势进行暗箱操作，与此同时，内部人通常对于公司经营发展有较准确的预判能力，这种能力是通过长时间经验和专业知识所累积的。因此，独立董事作为监督内部人违规操作、维护中小股东利益的关键角色，需要具备丰富的专业技巧和财务、法律等专业背景才能更好地履行职责。监管机构目前也非常重视独立董事的专业背景，目的在于保证独立董事的胜任能力，准确识别管理者内幕交易手段，减少公司内部与外部之间的信息阻碍，提高信息透明度。萨班斯法案以及我国《上市公司治理准则》中明确规定了上市公司必须有具备财务专长的独立董事。以往研究对于独立董事专业性这一特征往往采用独立董事是否具有财务专长进行衡量，认为具有财务背景独立董事的引入可以显著提高公司盈余信息质量（胡奕明、唐松莲，2008），有效减少公司挪用资产事件的发生（Mustafa and Youssef，2010）。我国对于上市公司聘任具有财务专长的独立董事有明确的人员要求，在此基础上，具备会计专业背景的独立董事和法律专业背景的独立董事，两者积极配合，合理分配和利用专业知识，可以降低上市公司违规行为（曹伦、陈维政，2008），辅助董

事会在决策过程中更有效地规避财务风险和法律风险（杨锴等，2018）。因此，本章采用独立董事的法律专业背景来衡量独立董事专业性，大股东违规减持属于违规行为，要受到行业监管机构的处罚，具有法律背景的独立董事对于违法违规行为的违规程度、相应处罚的了解都比具有财务专长的独立董事更加专业，其所拥有的专业知识可以更好地监督公司管理者违法行为，降低公司法律风险（何威风、刘巍，2017）。在公司治理中，法律背景独立董事的职业特点使其具备更强的公平性和恪守法纪的特征，公司违法违规行为公开公告和处罚对于法律背景独立董事具有更大的声誉损害，独立董事更有动机制止大股东违规行为，拒绝与大股东同流合污。

基于上述分析，提出假设：

H5-3：当其他条件不变时，相对于没有法律背景的独立董事，具有法律背景的独立董事更可能有效监督大股东违规减持行为，即当公司存在法律背景独立董事时，大股东违规减持可能性会减小。

第三节　研究设计

一、样本选择与数据来源

本章以 2012~2018 年沪深 A 股上市公司发生的大股东减持事件为研究样本。根据研究需要对样本进行了以下筛选处理：本章所指大股东为公司持股 5%以上股东和控股股东，手工收集了属于此类大股东的减持事件；剔除金融类和 ST 类公司；剔除数据缺失的公司。另外，还对连续变量进行了 1%和 99%的缩尾处理（winsorize）。用爬虫软件手工搜集大股东违规减持样本，经过筛选后得到样本总数为 2636 例，其中，大股东违规减持总样本数为 194 例，大股东正常减持样本数为 2442 例。独立董事相关数据根据 CSMAR 数据库手工搜集，并分类控股股东数据，其余样本数据来源于 RESSET 数据库，数据分析借助 Stata16 完成。样本具体分布情况如表 5-1、表 5-2、表 5-3 所示。

表 5-1 大股东减持样本 Stata16 分布

年份	2012	2013	2014	2015	2016	2017	2018	合计
大股东违规减持样本数	2	10	24	51	45	30	32	194
大股东正常减持样本数	211	367	444	513	356	264	287	2442
合计	213	377	468	564	401	294	319	2636

表 5-2 控股股东与非控股股东减持分布

年份	2012	2013	2014	2015	2016	2017	2018	合计
控股股东违规减持	0	2	8	21	11	8	6	56
控股股东正常减持	52	117	191	266	168	132	132	1058
非控股股东违规减持	2	8	16	30	34	22	26	138
非控股股东正常减持	159	250	253	247	188	132	155	1384

表 5-3 主板、中小板、创业板分板块大股东减持分布

年份		2012	2013	2014	2015	2016	2017	2018	合计
正常减持	主板	69	97	154	237	121	91	107	876
	中小板	91	159	177	172	137	95	97	928
	创业板	61	111	103	104	98	78	83	638
违规减持	主板	0	1	10	18	20	6	9	64
	中小板	1	7	10	17	18	13	11	77
	创业板	1	2	4	16	7	11	12	53

二、模型构建

为了检验 H5-1、H5-2、H5-3 独立董事制度和尽职程度对大股东违规减持行为的影响，建立下列 Logit 回归方程来检验前面所提出假设：

$$IR_t/Ratio_t=\alpha_0+\alpha_1 INDP_t+\alpha_2 INDM_t/INDE_t+\alpha_3 INDP_t\times INDM_t/INDP_t\times INDE_t+\alpha_4 Size_t+\alpha_5 INSH_t+\alpha_6 Growth_t+\alpha_7 Top1_t+\alpha_8 SC_t+\alpha_9 Turnover_t+\alpha_{10} Dual_t+\alpha_{11} ZH_t+\alpha_{12} ROA_t+\alpha_{13} LEV_t+\alpha_{14} Law_t+\alpha_{15} State_t+\sum Year+\sum Industry+\varepsilon \quad (5-1)$$

在上述模型中，被解释变量 IR 用来表示大股东违规减持行为，本章以减持行为是否受到了证监会公告警示为标准进行衡量。该模型的解释变量 INDP、INDM、INDE 分别用于刻画上市公司独立董事占比、尽职程度和法律专长，设置交乘项来检验尽职程度（INDM）和法律独立董事（INDE）的调节作用是否存在。若 α_3 系数不显著，则说明不存在调节作用；若 α_3 系数显著，则说明存在调节作用。

在该模型中，各控制变量的选择参考了已有关于大股东减持影响因素的研究，控制了公司规模（Size）、机构投资者持股比例（INSH）、营业增长（Growth）、第一大股东持股比例（Top1）、监事会规模（SC）、换手率（Turnover）、两职合一（Dual）、股权制衡度（ZH）、资产收益率（ROA）、资产负债率（LEV）、法律环境（Law）、上市公司实际控制人是否国有（State）以及 7 个年度虚拟变量（Year）、5 个行业虚拟变量（Industry）。

三、变量定义

（一）被解释变量

（1）是否违规减持（IR）。本章的减持事件主体均为持股占 5%以上的大股东，以 2012~2018 年沪深 A 股上市公司发生的大股东减持事件为样本。将 2012~2018 年违反证监会关于股份减持相关规定并被证监会公开警示的大股东违规减持事件，定义为违规减持事件，IR = 1；对于发生减持但未违规的减持事件，IR = 0。

（2）大股东减持比例（Ratio）。指大股东减持股数占总股数的比例。

（二）解释变量

（1）独立董事比例（INDP）。采用独立董事人数在董事会中所占比例衡量。许多学者利用独立董事在董事会中所占比例来考察其在公司治理中的有效性。保持独立性是确保独立董事有效性的一个重要因素，而提高董事会独立性的最主要途径就是获得足够数量的独立董事（王跃堂等，2006）。

（2）独立董事尽职程度（INDM）。采用独立董事在一个会计年度中平均亲自出席董事会会议次数衡量。积极交流将为独立董事成员提供更多机会来讨论和评估关于公司治理等实践的问题。唐清泉和叶艳芬（2006）通过问卷调查形式了解到，大多数独立董事过于忙碌，甚至无暇参与董事会会议，独立董事搜寻有效信息的可能性将大大降低，难以有效行使权力。因此，出席会议次数从侧面能够反映独立董事勤勉尽职程度和对公司了解程度。

（3）独立董事法律专长（INDE）。采用独立董事中是否具有法律背景以及从事法律相关事务的董事来衡量。法律背景独立董事作为提供法律服务的专业执业人员，有较强法律意识。全怡、郭卿（2017）利用法律背景独立董事探究其对高管犯罪的影响。

变量具体定义如表 5-4 所示。

表 5-4　主要变量定义

变量类型	变量名称	变量代码	变量具体含义
被解释变量	是否违规减持	IR	公司本年度存在大股东违规减持，取 1，否则取 0
	大股东减持比例	Ratio	大股东减持股数占总股数的比例
解释变量	独立董事比例	INDP	年末独立董事人数在董事会中所占比例
	独立董事尽职程度	INDM	平均每位独立董事当年亲自出席会议次数
	独立董事法律专长	INDE	独立董事中是否存在法律背景独立董事，存在则取 1，否则为 0

续表

变量类型	变量名称	变量代码	变量具体含义
控制变量	公司规模	Size	采用年末资产总额的自然对数
	机构投资者持股比例	INSH	机构投资者整体持股比例，为年末各类机构持股数占总股数之比
	营业收入增长率	Growth	年末主营业务收入增长率
	第一大股东持股	Top1	公司年末第一大股东持股比例，为第一大股东持股数与总股数之比
	监事会规模	SC	年末监事会人数
	换手率	Turnover	总股数平均日换手率
	两职合一	Dual	董事长和总经理是否两职合一，是取 1，否取 0
	股权制衡度	ZH	年末第二至第十大股东持股比例之和与第一大股东持股比例之比
	盈利能力	ROA	年末资产收益率
	财务杠杆	LEV	年末总负债与总资产之比
	法律环境	Law	以樊纲等（2011）提供的市场化指数为基础，利用指数趋势线及公式，测算出各省及直辖市相对应市场化指数
	是否国有公司	State	上市公司是国有公司取值为 1，否则取 0，衡量公司的所有权性质
	年度虚拟变量	Year	年度虚拟变量，控制不同年份宏观经济因素的影响，共 7 个年度虚拟变量
	行业虚拟变量	Industry	按 GB/T 4754-2011 分类标准，共 5 个行业虚拟变量

第四节　实证结果与分析

一、描述性统计分析

表 5-5 列示了全样本描述性统计结果。

（1）大股东违规减持方面。大股东违规减持样本均值为0.074，表明2012~2018年，发生的大股东违规减持事件相对于总体大股东减持事件较少，仅占样本7.4%，大多数公司大股东不会为满足私人利益选择触犯法规。

（2）独立董事方面。独立董事人数占董事会比例均值为0.372，标准差为0.052，说明大多数公司设置独立董事都是为了满足证监会硬性要求，仅设置董事会席位30%~40%的独立董事。每位独立董事亲自参与会议次数最小值为3.667，最大值为22，标准差为3.763，表明独立董事参与会议次数在不同公司间存在较大波动，有的独立董事忙于公司事务，有的却鲜少参与公司会议。具有法律背景的独立董事均值为0.581，近58.1%的公司会聘请具有法律背景的独立董事，仍有部分公司并未聘请具有法律背景独立董事，这一现象也与我国未对法律背景独立董事提出硬性要求有关。

（3）控制变量方面。公司规模最小值为19.579，最大值为25.044，标准差为1.087，表明样本各公司规模存在较大差异。公司成长性的均值为0.155，标准差为0.381，说明公司的经营状况和发展状况较均衡。第一大股东持股比例最小值为0.094，最大值为0.661，标准差为0.128，表明样本公司股权结构没有明显差异，但较集中的股权结构会影响公司正常运营。监事会规模的最大值为7.000，最小值为2.000，均值为3.460，标准差为0.962，说明个别公司监事会人员较多，但大多数公司监事会人员数量维持在3~4人，以满足证监会要求。换手率的最大值为9.381，最小值为0.097，说明不同公司股票流通性存在差异。两职合一均值为0.323，大多数公司不存在两职合一现象。股权制衡度的最大值为3.529，最小值为0.058，均值为1.005，从总体上看，第二至第十大股东具有制衡第一大股东的能力，但不同公司其余股东对第一大股东的制衡能力存在差异。资产负债率的均值为0.403，低于50%的资产负债率说明样本公司能利用财务杠杆合理进行负债经营，但资产负债率的最大值为0.930，最小值为0.042，说明不同公司间负债率存在很大差异，个别企业负债率极高，容易发生违规事件触及市场警戒线。法律环境指数最小值为2.950，最大值为12.010，标准差为1.784，说明各公司所在地区法律环境存在明显差异，法律环境较差地区更有可能滋生违规事件。在发生大股东减持的样本中，国有公司占比为19.9%，说明非国有公司大股东减持可能性更高。

表 5-5 全样本描述性统计

变量	样本量	均值	最小值	最大值	标准差
IR	2636	0.074	0	1.000	0.261
Ratio	2636	0.277	0.010	5.696	0.910
INDP	2636	0.372	0.300	0.571	0.052
INDM	2636	9.617	3.667	22.000	3.763
INDE	2636	0.581	0	1.000	0.493
Size	2636	21.836	19.579	25.044	1.087
INSH	2636	0.261	0.001	0.818	0.220
Growth	2636	0.155	-0.592	2.158	0.381
Top1	2636	0.309	0.094	0.661	0.128
SC	2636	3.460	2.000	7.000	0.962
Turnover	2636	2.071	0.097	9.381	1.423
Dual	2636	0.323	0	1.000	0.468
ZH	2636	1.005	0.058	3.529	0.756
ROA	2636	0.034	-0.253	0.218	0.066
LEV	2636	0.403	0.042	0.930	0.212
Law	2636	8.525	2.950	12.010	1.784
State	2636	0.199	0	1.000	0.399

表5-6列示了大股东违规减持的样本描述性统计。在违规减持的194个公司样本中，控股股东违规减持一共有56例，表明非控股股东可能更具有违规减持的动机，控股股东为了保证其控制权不太可能进行违规减持。

在独立董事方面，违规减持公司独立董事比例均值为0.365，可能仅仅是为了满足上市公司要求而设立独立董事，其中，独立董事尽职程度标准差为3.704，说明不同公司独立董事勤勉度有较大差异。法律背景独立董事均值为0.531，说明违规减持公司中存在法律背景独立董事的公司占一半，许多公司没有法律独立董事，这大大增加了其违规可能性。总的来说，控制变量与全样本的描述相似。

表 5-6　大股东违规减持样本描述性统计

变量	样本量	均值	最小值	最大值	标准差
Ratio	194	2.622	0.010	5.696	2.176
INDP	194	0.365	0.300	0.500	0.045
INDM	194	9.572	3.667	22.000	3.704
INDE	194	0.531	0	1.000	0.500
Size	194	21.827	19.579	25.044	1.061
INSH	194	0.297	0.001	0.818	0.225
Growth	194	0.122	-0.592	2.141	0.361
Top1	194	0.309	0.094	0.661	0.130
SC	194	3.438	2.000	7.000	0.921
Turnover	194	2.317	0.234	7.483	1.505
Dual	194	0.356	0	1.000	0.480
ZH	194	0.964	0.058	3.529	0.745
ROA	194	0.030	-0.253	0.218	0.070
LEV	194	0.423	0.044	0.930	0.215
Law	194	8.754	2.950	12.010	1.744
State	194	0.021	0	1.000	0.142

二、相关性分析

表 5-7 给出了全样本主要变量相关性检验，结果显示：大股东违规减持（IR）与独立董事占比（INDP）、独立董事尽职程度（INDM）均通过了显著性水平检验，呈显著负相关，与本章的假设一致；大股东违规减持（IR）与机构投资者持股（INSH）、换手率（Turnover）、法律环境（Law）呈显著正相关。变量间的相关性基本符合逻辑。

表 5-7　全样本变量的 pearson 相关系数

	IR	INDP	INDM	INDE	Size	INSH	Growth	Top1	SC	Turnover	Dual	ZH	ROA	LEV	Law	State
IR	1	—	—	—	—	—	—	—	—	—	—	—	—	—	—	—
INDP	-0.036*	1	—	—	—	—	—	—	—	—	—	—	—	—	—	—
INDM	-0.073***	0.084***	1	—	—	—	—	—	—	—	—	—	—	—	—	—
INDE	-0.026	-0.022	0.402***	1	—	—	—	—	—	—	—	—	—	—	—	—
Size	-0.002	-0.022	0.167***	0.011	1	—	—	—	—	—	—	—	—	—	—	—
INSH	0.046**	-0.022	0.053***	0.023	0.245***	1	—	—	—	—	—	—	—	—	—	—
Growth	-0.024	0.048**	0.110***	0.017	0.073***	0.108***	1	—	—	—	—	—	—	—	—	—
Top1	0.001	0.007	-0.048**	-0.050**	0.137***	0.145***	-0.045**	1	—	—	—	—	—	—	—	—
SC	-0.006	-0.100***	0.036*	0.052***	0.205***	0.116***	-0.068***	0.018	1	—	—	—	—	—	—	—
Turnover	0.049**	0.017	-0.062***	-0.011	-0.211***	-0.270***	-0.128***	-0.147***	-0.051***	1	—	—	—	—	—	—
Dual	0.020	0.074***	-0.007	-0.008	-0.118***	-0.048**	0	0.018	-0.125***	0.011	1	—	—	—	—	—
ZH	-0.015	0.015	0.033*	0.036*	-0.051***	0.018	0.101***	-0.708***	-0.040**	-0.089***	-0.028	1	—	—	—	—
ROA	-0.015	0.004	-0.027	0.005	0.013	0.149***	0.256***	0.117***	-0.078***	-0.193***	0.035*	0.040**	1	—	—	—
LEV	0.026	-0.030	0.136***	-0.005	0.518***	0.068***	0.018	0.061***	0.173***	0.006	-0.108***	-0.131***	-0.320***	1	—	—
Law	0.036*	0.036*	0.044**	0.005	-0.024	0.061***	0.032	-0.036*	-0.136***	-0.091***	0.093***	0.048**	0.069***	-0.122***	1	—
State	-0.126***	-0.075***	-0.013	-0.021	0.246***	0.136***	-0.103***	0.147***	0.336***	0.048**	-0.216***	-0.142***	-0.116***	0.272***	-0.197***	1

注：*、**、*** 分别表示在 10%、5%、1%的水平上显著。

三、回归结果分析

（一）独立董事比例与大股东违规减持

利用前面所列方程进行回归分析。表 5-8 列（1）对 2636 个减持总样本进行回归，独立董事比例与大股东违规减持行为在 5%水平下呈显著负相关（T 值为-2.520），也就是说，独立董事规模的增加能够监督大股东违规减持行为，敦促大股东及时披露减持情况，制止大股东违规行为，H5-1 成立。在线性回归下，列（2）说明了大股东减持比例与独立董事比例之间的关系，两者在 1%水平下呈显著负相关（T 值为-3.846），说明独立董事的增加能够有效减少大股东减持比例，抑制其减持规模，保障中小股东利益。列（3）是 194 个大股东违规减持样本进行线性回归的结果，进一步说明了大股东违规减持比例与独立董事比例的关系，两者在 1%水平下呈显著负相关（T 值为-4.205），说明独立董事制度的健全不仅能够有效减少大股东减持行为，还能对违规减持起到抑制作用，从而进一步验证了 H5-1。

表 5-8 独立董事与大股东违规减持回归分析

变量	（1）	（2）	（3）
	减持全样本 IR	减持全样本 Ratio	违规减持样本 Ratio
INDP	-4.151 (-2.520)**	-1.305 (-3.846)***	-13.896 (-4.205)***
Size	-0.145 (-1.540)	-0.062 (-2.890)***	-0.413 (-2.499)**
INSH	0.642 (1.594)	0.231 (2.446)**	0.686 (0.954)
Growth	-0.329 (-1.413)	-0.099 (-2.023)**	0.146 (0.347)
Top1	1.255 (1.239)	0.329 (1.451)	0.190 (0.102)

续表

变量	(1)	(2)	(3)
	减持全样本 IR	减持全样本 Ratio	违规减持样本 Ratio
SC	0.156 (1.699)*	0.008 (0.393)	-0.139 (-0.812)
Turnover	0.158 (2.255)**	0.024 (1.400)	-0.066 (-0.527)
Dual	-0.021 (-0.125)	0.021 (0.542)	0.307 (0.998)
ZH	-0.022 (-0.131)	0.007 (0.179)	-0.220 (-0.705)
ROA	0.266 (0.201)	-0.312 (-1.021)	-4.938 (-2.068)**
LEV	1.357 (2.820)***	0.237 (2.160)**	-1.079 (-1.226)
Law	-0.007 (-0.150)	0.002 (0.187)	0.009 (0.101)
State	-3.133 (-5.933)***	-0.274 (-5.387)***	1.312 (1.281)
Year	YES	YES	YES
Indnstry	YES	YES	YES
Constant	-2.029 (-0.893)	1.561 (3.229)***	15.717 (3.499)***
R^2		0.042	0.332
样本量	2636	2636	194

注：括号内为 T 值，*、**、*** 分别表示在 10%、5%、1%的水平上显著。

从控制变量与大股东减持的结果来看，列（2）、列（3）公司规模这一控制变量与大股东违规减持行为以及减持比例分别在 5%和 1%水平下呈显著负相关，独立董事比例与违规减持事件的发生之间的回归结果虽不显著但符号为负，说明规模较大的公司能够在一定程度上防止大股东违规减持这一恶性事件的发生，规模较大的公司内部控制和公司治理程度一般更为健全，公司规模的扩张也使公司更具声望，社会各界关注度较高，有利于提高对大股东行为的监督，减少公司大股东盲目套利行为。机构投资者持股比例与大股东减持比例在5%水平下呈显著正相关，说明机构投资者成为公司内部人后，能够及时获取内幕消息，可能存在与大股东合谋侵吞其他股东利益的行为，机构投资者能够从大股东违规减持中获利。监事会规模与违规减持行为在10%水平下呈显著正相关，说明监事会作为公司内部事务以及管理层的监督者，未能发挥积极效果，监事会成员通常为公司高管，独立性显著低于独立董事，可能会包庇大股东违规行为，此时，独立董事的监督更为重要，成为公司最后一道"防火墙"。换手率与大股东违规减持在5%水平下呈显著正相关，说明换手率越高，公司股票流动性越好，此时大股东能够获得更高额收益，违规减持动机更强。第一大股东持股、股权制衡度、资产收益率等因素对大股东是否违规减持的影响不大，在复杂的治理环境和市场环境下，股权结构变化并不能有效减少大股东违规减持行为，集权治理模式和分散的股权结构都可能影响大股东行为；资产负债率与大股东违规减持在1%水平下呈显著正相关，资产负债率越高，公司举债越高，更有可能陷入资不抵债的困境，此时大股东具有提前抽身保护自身利益不受损失的违规动机。终极控制人性质与大股东违规减持在1%水平下呈显著负相关，相对非国有公司大股东，国有公司大股东违规减持行为较少，国有公司更多受到政府和公众媒体关注，不会轻易发生违规减持行为。列（3）违规减持比例与资产收益率在5%水平下显著为负，资产收益率反映了企业的盈利能力，违规减持比例越高的企业盈利能力越弱，这也符合大股东趋利避害的心理，在企业收益低迷期大幅减持以将自身风险降至最低。

表5-9是不同股权性质主体下以及分板块处理后独立董事制度效应的logit回归结果。列（1）、列（2）是控股股东与非控股股东样本下的回归结果，列（1）对1114个控股股东减持样本进行回归，控股股东违规减持与独立董事比例之间不存在显著相关（T值为-0.557），独立董事比例的提升对于控股股东违规减持难以监督防范。列（2）对1522个非控股股东减持样本进行回归，结果表明，非控股股东违规减持与独立董事比例在5%

水平下呈显著负相关（T 值为-2.214）。两者对比，可以观察到独立董事对控股股东违规行为的监督效果显著弱于其他大股东，H5-1a 成立，控股股东的存在一定程度上抑制了独立董事发挥监督作用，这一现象的成因一方面是我国上市公司主体中，控股股东掌握公司控制权，存在一股独大的情况，独立董事任命及人选极大可能由控股股东决定，因此，独立董事可能难以对控股股东违规减持行为进行全面监督，并可能为控股股东提供利益输送，帮助其违规减持套取公司利益。另一方面，当控股股东控制权上升到一定程度后，独立董事的外部监管将不足以构成威胁，控股股东可能转而“欢迎”更多独立董事，以便利用独立董事的专业技能和资源，同时向监管部门和市场传递信号（唐跃军、左晶晶，2010）。独立董事难以发挥其监督有效性，更有可能与大股东同流合污，反过来发生控股股东违规减持的公司也更倾向于聘请更多独立董事来改善公司治理。列（3）、列（4）、列（5）是分别对主板、中小板、创业板中大股东违规减持与独立董事制度之间作用效果进行回归的结果，在不同上市板块，独立董事对大股东违规减持的监督作用存在差异，H5-1b 成立。我们可以看出，在主板市场，独立董事比例对大股东违规减持的监督效果在 1%水平下呈显著负相关（T 值为-2.848），表明在准入机制较严格的市场板块中，公司成长趋于稳定，独立董事制度更为健全，独立董事的存在能够提高治理效果，有效减少公司违规行为的发生，监督大股东行为并维护中小股东权益。相比主板上市企业，中小板和创业板中独立董事比例与大股东违规减持缺乏相关性（中小板 T 值为-1.567，创业板 T 值为-0.327），独立董事的存在难以发挥效用，中小板企业公司治理体系不够完善健全，创业板公司准入门槛低，信息披露不充分，公司大多处于发展阶段，多为新兴技术公司，经营风险较大，大股东可能担忧公司生存能力或短期套利后选择违规减持“撤离”公司。

基于上述分析我们可以总结出，独立董事规模的增加有利于降低大股东违规减持行为的发生。但由于我国独立董事选聘制度不够公平、公开，对于控股股东的监督不够全面，同时，中小板和创业板公司鱼龙混杂，独

表 5-9　独立董事对不同大股东、不同板块大股东违规减持的作用

变量	(1) 控股股东减持 IR	(2) 非控股股东减持 IR	(3) 主板 IR	(4) 中小板 IR	(5) 创业板 IR
INDP	-1.520 (-0.557)	-4.616 (-2.214)**	-11.038 (-2.848)***	-4.096 (-1.567)	-0.922 (-0.327)
Size	-0.078 (-0.424)	-0.137 (-1.215)	-0.166 (-1.135)	-0.202 (-1.033)	-0.248 (-0.994)
INSH	0.382 (0.490)	0.624 (1.285)	0.443 (0.584)	0.723 (1.095)	1.249 (1.585)
Growth	0.005 (0.012)	-0.525 (-1.803)*	-0.547 (-1.309)	-0.034 (-0.080)	-0.114 (-0.269)
Top1	-0.586 (-0.326)	1.919 (1.463)	2.094 (1.280)	-0.227 (-0.134)	1.499 (0.626)
SC	0.128 (0.728)	0.139 (1.240)	0.166 (1.202)	0.155 (0.994)	0.086 (0.321)
Turnover	-0.017 (-0.122)	0.229 (2.633)***	0.270 (2.072)**	0.067 (0.565)	0.202 (1.376)
Dual	0.692 (2.371)**	-0.422 (-2.009)**	-0.882 (-2.238)**	0.232 (0.920)	0.492 (1.524)
ZH	-0.244 (-0.778)	-0.023 (-0.105)	-0.109 (-0.362)	-0.312 (-1.055)	0.521 (1.555)
ROA	-1.578 (-0.679)	-0.193 (-0.110)	-2.401 (-0.993)	0.463 (0.209)	3.539 (1.242)
LEV	0.974 (1.107)	1.299 (2.137)**	1.231 (1.586)	1.680 (1.754)*	1.615 (1.555)
Law	-0.100 (-1.119)	0.018 (0.320)	0.069 (0.932)	0.008 (0.098)	-0.118 (-1.102)
State	-2.377 (-3.056)***	-3.749 (-4.997)***	-3.563 (-5.628)***	-2.497 (-2.377)**	—
Year	YES	YES	YES	YES	YES
Industry	YES	YES	YES	YES	YES
Constant	-15.094 (-0.025)	-1.907 (-0.706)	-12.448 (-0.015)	-0.279 (-0.063)	-1.186 (-0.206)
样本量	1114	1522	940	1005	691

注：括号内为 T 值，*、**、*** 分别表示在 10%、5%、1%的水平上显著。

立董事难以发挥监督作用。

（二）独立董事尽职程度与大股东违规减持

表 5-10 是为了检验 H5-2，对模型（5-1）进行回归分析后的结果比较。由回归结果列（1）可知，交乘项（INDP × INDM）的系数在 10%水平下显著（T 值为-1.755），独立董事参加会议次数增强了独立董事比例与大股东违规减持的负相关关系，表明独立董事参加会议的次数越多发挥的监督作用越好。独立董事越积极参与董事会会议，越能够及时了解公司经营，对大股东违规行为有所察觉并有效监督，更加有效发挥独立董事监督作用，说明独立董事勤勉尽职能够改善公司经营治理情况。列（2）中交乘项系数在 1%水平下显著为负（T 值为-2.606），独立董事参加会议次数的增加同样增强了独立董事对大股东减持比例的监督力度，独立董事在积极参加董事会会议且勤勉尽职的情况下能够减少大股东减持比例，有效控制减持规模，从而维护中小股东并稳定公司发展。列（3）中交乘项并不显著（T 值为-0.620），但符号为负，与独立董事比例（INDP）符号相同，说明独立董事尽职对于违规减持规模能够起到一定监督作用。

表 5-10　独立董事尽职程度与大股东违规减持

变量	(1)	(2)	(3)
	减持全样本 IR	减持全样本 Ratio	违规减持样本 Ratio
INDP	-4.016 (-2.424)**	-1.215 (-3.549)***	-14.218 (-4.235)***
INDM	-0.020 (-0.898)	0.002 (0.457)	-0.004 (-0.096)
INDP × INDM	-0.787 (-1.755)*	-0.222 (-2.606)***	-0.509 (-0.620)
Size	-0.134 (-1.416)	-0.061 (-2.811)***	-0.401 (-2.397)**
INSH	0.646 (1.601)	0.239 (2.531)**	0.676 (0.934)
Growth	-0.307 (-1.311)	-0.099 (-2.023)**	0.162 (0.383)

续表

变量	(1)	(2)	(3)
	减持全样本 IR	减持全样本 Ratio	违规减持样本 Ratio
Top1	1.254 (1.236)	0.339 (1.493)	0.231 (0.123)
SC	0.162 (1.760)*	0.008 (0.382)	-0.140 (-0.803)
Turnover	0.156 (2.210)**	0.024 (1.360)	-0.071 (-0.560)
Dual	-0.041 (-0.246)	0.014 (0.365)	0.291 (0.939)
ZH	-0.017 (-0.103)	0.008 (0.205)	-0.221 (-0.701)
ROA	0.215 (0.163)	-0.302 (-0.991)	-5.085 (-2.104)**
LEV	1.351 (2.792)***	0.223 (2.024)**	-1.057 (-1.151)
Law	-0.007 (-0.151)	0.002 (0.141)	0.017 (0.189)
State	-3.153 (-5.964)***	-0.278 (-5.453)***	1.314 (1.275)
Year	YES	YES	YES
Industry	YES	YES	YES
Constant	-2.096 (-0.918)	1.489 (3.077)***	15.573 (3.430)***
R^2	—	0.045	0.334
样本量	2636	2636	194

注：括号内为 T 值，*、**、*** 分别表示在 10%、5%、1%的水平上显著。

（三）独立董事法律专业性与大股东违规减持

表 5-11 说明了将独立董事法律专业性作为调节变量与大股东违规减持之间的回归关系。列（1）回归结果表明，交乘项（INDP × INDE）系数在 10%水平下显著（T 值为-1.851），具有法律背景的独立董事增强了独立董事比例与大股东违规减持的负相关关系，结果表明法律独董对大股东

违规减持的监督作用更强。在此基础上进行分析可以观察到，在不存在法律背景独立董事的公司，独立董事比例增加，大股东违规减持行为将减少，存在法律专业独立董事的公司，随着独立董事比例增加，大股东违规减持行为显著减少。上述趋势说明法律背景独立董事在独立董事比例和大股东违规之间起正向调节作用，H5-3 成立。法律背景独立董事的存在，极大提升了独立董事监督大股东违规减持的有效性。当具有法律专业知识的独立董事在公司任职时，法律专业独立董事凭借其职业道德和专业敏锐度，能够有效减少大股东违法违规行为的发生。列（2）中交乘项在 5%水平下显著为负（T 值为-2.218），法律独立董事的存在对独立董事减少减持比例的效应起到了增强作用，存在法律专业独立董事的公司，减持规模受到了一定限制，中小股东利益得到了保障。列（3）中交乘项在 5%水平下显著为负（T 值为-2.509），法律背景独立董事的法律敏感性使其对违规行为及后果的防范更为重视，当大股东违规减持行为损害中小股东利益和自身声誉时，法律背景独立董事将会积极应对以降低其不良后果。

表 5-11　独立董事法律专业性与大股东违规减持

变量	（1）	（2）	（3）
	减持全样本 IR	减持全样本 Ratio	违规减持样本 Ratio
INDP	-4.777 (-2.791)***	-1.292 (-3.808)***	-13.678 (-4.311)***
INDE	-0.353 (-2.218)**	-0.010 (-0.293)	1.264 (4.485)***
INDP × INDE	-6.149 (-1.851)*	-1.515 (-2.218)**	-15.588 (-2.509)**
Size	-0.145 (-1.538)	-0.061 (-2.844)***	-0.400 (-2.559)**
INSH	0.684 (1.695)*	0.238 (2.522)**	0.768 (1.129)
Growth	-0.306 (-1.308)	-0.098 (-2.005)**	0.318 (0.792)
Top1	1.246 (1.227)	0.327 (1.441)	0.600 (0.342)

续表

变量	(1)	(2)	(3)
	减持全样本 IR	减持全样本 Ratio	违规减持样本 Ratio
SC	0.171 (1.858)*	0.008 (0.396)	-0.226 (-1.374)
Turnover	0.160 (2.264)**	0.024 (1.378)	-0.059 (-0.497)
Dual	-0.020 (-0.120)	0.022 (0.560)	0.290 (0.998)
ZH	-0.017 (-0.101)	0.006 (0.169)	-0.215 (-0.729)
ROA	0.223 (0.169)	-0.315 (-1.033)	-5.667 (-2.507)**
LEV	1.334 (2.752)***	0.234 (2.130)**	-1.337 (-1.602)
Law	-0.010 (-0.201)	0.001 (0.138)	-0.057 (-0.666)
State	-3.164 (-5.978)***	-0.274 (-5.383)***	1.082 (1.114)
Year	YES	YES	YES
Industry	YES	YES	YES
Constant	-1.643 (-0.718)	1.550 (3.202)***	15.057 (3.541)***
R^2	—	0.044	0.411
样本量	2636	2636	194

注：括号内为 T 值，*、**、*** 分别表示在 10%、5%、1%的水平上显著。

综上所述，法律专业独立董事的存在对于公司违法违纪行为的监督具有积极效果，法律专业独立董事能够抑制大股东违规减持倾向，增强独立董事的监督作用。

第五节　稳健性检验

为了检验上述研究稳健性，我们对以下指标进行了替代：第一，独立董事法律专业性（INDE）采用法律背景独立董事占独立董事人数比例衡量，这个指标检验具有法律知识的独立董事对违规行为的敏感度；第二，用独立董事是否缺席过董事会会议来衡量独立董事的尽职程度（INDM），如果公司所有独立董事在本年度会议中都未缺席，则取值为1，否则取值为0。

表5-12说明了稳健性回归的结果。法律专业性、独立董事尽职程度与大股东违规减持行为及规模的回归结果与前面回归结果一致。列（1）独立董事比例与独立董事缺席会议交乘项（INDP×INDM）系数在5%水平下显著为负（T值为-2.067），列（2）交乘项（INDP×INDM）仍然为负（T值为-1.259），虽然不显著，但仍然说明勤勉尽职的独立董事在一定程度上提升了独立董事有效性，缺席会议的独立董事对公司事务缺乏及时了解和沟通，难以防范违法行为发生，削弱了独立董事制度的效用，此时大股东有机会进行违规减持，而勤勉尽职的独立董事能够有效减少违规减持事件的发生，同时降低减持规模，减少外部投资者的损失。这些结果再次验证了H5-2的成立。列（3）独立董事比例与法律专业独立董事交乘项（INDP×INDE）在5%水平下显著为负（T值为-2.239），其符号与独立董事比例一致，结果表明独立董事的法律背景增强了独立董事监督大股东违规减持的效果。列（4）交乘项在10%水平下显著为负（T值为-1.772），说明拥有法律背景独立董事比例的提高，能够有效控制大股东违规减持规模。这些结果再次验证了H5-3的成立。

表 5-12　独立董事法律专业性、尽职程度与大股东违规减持

变量	(1)	(2)	(3)	(4)
	独立董事参加会议		独立董事法律专长	
	减持会样本 IR	违规减持样本 Ratio	减持会样本 IR	违规减持样本 Ratio
INDP	-5.511 (-2.439)**	-14.235 (-4.286)***	-4.922 (-2.861)***	-13.040 (-3.997)***
INDE			-0.757 (-2.109)**	2.469 (4.136)***
INDP × INDE			-17.479 (-2.239)**	-26.470 (-1.772)*
INDM	-3.918 (-17.074)***	0.203 (0.668)		
INDP × INDM	-8.909 (-2.067)**	-8.246 (-1.259)		
Size	-0.183 (-1.657)*	-0.416 (-2.512)**	-0.148 (-1.565)	-0.399 (-2.535)**
INSH	0.603 (1.224)	0.715 (0.993)	0.680 (1.685)	0.456 (0.664)
Growth	-0.100 (-0.399)	0.110 (0.259)	-0.299 (-1.276)*	0.193 (0.480)
Top1	1.263 (1.015)	0.305 (0.164)	1.260 (1.241)	0.614 (0.349)
SC	0.048 (0.413)	-0.143 (-0.828)	0.170 (1.840)*	-0.211 (-1.283)
Turnover	0.178 (2.092)**	-0.068 (-0.546)	0.160 (2.255)**	-0.057 (-0.478)
Dual	-0.078 (-0.386)	0.281 (0.907)	0.016 (-0.098)	0.266 (0.908)
ZH	0.074 (0.367)	-0.222 (-0.712)	-0.016 (-0.096)	-0.245 (-0.828)
ROA	-0.934 (-0.603)	-5.283 (-2.188)**	0.174 (0.132)	-5.889 (-2.586)**
LEV	1.936 (3.302)***	-1.194 (-1.329)	1.333 (2.750)***	-1.312 (-1.566)
Law	0.054 (0.925)	0.007 (0.074)	-0.009 (-0.194)	-0.045 (-0.518)

续表

变量	(1)	(2)	(3)	(4)
	独立董事参加会议		独立董事法律专长	
	减持会样本 IR	违规减持样本 Ratio	减持会样本 IR	违规减持样本 Ratio
State	-3.267 (-5.742)***	1.348 (1.313)	-3.165 (-5.979)***	1.416 (1.453)
Year	YES	YES	YES	YES
Industry	YES	YES	YES	YES
Constant	1.507 (0.555)	15.963 (3.540)***	-1.562 (-0.682)	14.876 (3.472)***
R^2		0.339		0.405
样本量	2636	194	2636	194

注：括号内为T值，*、**、*** 分别表示在10%、5%、1%的水平上显著。

第六节　本章小结

本章以沪深A股2012~2018年上市公司发生的大股东违规减持和正常减持事件为样本，运用回归分析，检验独立董事比例及其专业性和尽职程度对大股东违规减持的影响，并在此基础上探讨了独立董事法律专长、尽职程度与大股东违规减持规模的关系，以及不同股权性质下独立董事比例对大股东减持的影响，实证结果显示，独立董事比例与大股东违规减持呈显著负相关，独立董事人数占董事会比例越高，大股东发生违规减持的概率越低。与参加会议次数少的独立董事相比，经常参与讨论公司事务的独立董事能够更好地防范大股东违规减持的发生，更好地发挥了治理效应。与不具备法律背景的独立董事相比，具有法律专长的独立董事更可能有效监督大股东违规减持。由于独立董事任命受到控股股东控制权的影响，其监督能力被控股股东削弱，即相对于控股股东而言，独立董事更可能有效抑制非控股大股东的违规减持。对不同板块公司中独立董事的监督效应进行研究发现，主板市场的独立董事发挥了更强的监督大股东违规减持的作用，中小板和创业板公司的独立董事对大股东违规减持的抑制作用较弱。

上述结果表明，独立董事在上市公司已经能够积极发挥其公司治理职能，能有效地监督大股东减持行为。但大多数公司对于聘请法律背景独立董事的重要性认识还不够充分，而且独立董事出席会议在不同公司中也表现出极大的差异，应当出台相应政策规定独立董事中应当至少有一位具有法律背景的独立董事并且要求独立董事出席会议的次数以保证其能够充分发挥职能。与此同时，独立董事的选举和任命也需要更加公开透明的方式，这样才能够使我国的独立董事制度得到更好发展，健全公司治理体系。对于中小板、创业板市场的监管和公司治理结构优化也应当加大力度，才能使我国资本市场更好发展。

第六章 媒体关注与大股东违规减持

2005年4月29日，国务院批准颁布了《关于上市公司股权分置改革试点有关问题的通知》，中国资本市场开启了改革新篇章。同年9月4日，证监会发布了《上市公司股权分置改革管理办法》，这一改革给非流通股提供了上市交易的机会。随着大小非解禁，大股东减持行为开始盛行。同时，随着2008年全球金融危机慢慢消退，大股东减持潮持续升温，成为诱发2015年股灾的一个重要因素（吴战篪、吴伟立，2018）。为恢复股票交易供需平衡，缓解股票市场非理性下跌，证监会出台了一系列减持规定。这些减持规定在一定程度上规范了大股东减持行为，但大股东减持热度依旧不减。据统计，2010~2019年，A股市场减持规模显著高于增持规模，许多大股东呈现出了清仓式减持。仅2018年沪深两市上市公司被大股东减持的有731家，减持行为多达4319次，累计减持股份184.16亿股，约合市值1632.59亿元。在这些减持行为中，有基于优化公司股权结构的正常减持，但也存在不少大股东为牟取不正常私有收益的违规减持。

国内外学者普遍认同法律、市场自由竞争的外部监督作用，Deminguckn-nt和Maksimovic（1998）证明了法律环境更加完善的公司的融资能力和成长能力更强。但由于法律的滞后性，以及中国经济市场相对于法律的领先性（Allen，2005），媒体监督作用的时效性以及传播性逐渐成为学者关注的焦点。媒体作为新时代背景下信息的收集者、加工者和传播者，是社会公众获取信息的主要渠道。媒体报道可以使股东交易行为在公众面前被放大，所以大股东往往会通过谨言慎行来维护公司及个人的社会形象（Dai et al.，2015）。网络信息流传递的广泛性和快速性，使媒体报道能够对公司治理行为起到一定监督作用。

目前，各国学者主要从事前预警、提升信息透明度以及维护公司形象等角度探讨媒体对公司违规行为的监督作用（吴育辉、吴世农，2010；鲁桂华等，2017），对媒体监督与公司所有者——股东的减持行为之间的研究较少。基于上述考虑，本章将从媒体监督角度出发，将持股比例5%及以上的股东界定为大股东，以2012~2018年我国深沪A股上市公司为研究样本，手工搜集媒体关注度和大股东违规减持数据，用PSM匹配实验组（违规减持组）与对照组（正常减持组）数据，实证检验媒体关注度对上市公司大股东违规减持的影响。研究结果显示，上市公司受到的媒体关注度越高，大股东进行违规减持的可能性越低，表明媒体关注发挥了积极的监督作用。进一步研究发现，相对于控股股东，媒体关注更可能抑制非控股股东的违规减持，表明媒体更有效抑制了非控股大股东违规减持行为；同时，相对于创业板市场，媒体关注与主板市场大股东违规减持呈更显著的负相关，表明媒体的监督作用在主板市场发挥得更好。

本章的主要贡献体现在以下几个方面：

（1）基于外部监督机制，将手工搜集的事件窗口期内各大媒体报道量作为上市公司受到媒体关注度的替代变量，据此研究大股东减持前媒体关注是否约束了大股东违规减持行为；

（2）考虑到大股东持股特征差异性，将大股东分为控股股东与非控股股东，进一步讨论媒体关注对这两类大股东违规减持的影响；

（3）基于我国多层次资本市场的特征，检验媒体对主板、中小板和创业板中上市公司大股东违规减持的监督效果。

第一节　文献综述

大股东为获取个人私益的减持会对公司长远发展产生深远影响。当减持幅度较大时，大股东或控股股东与公司经营都呈显著的负相关；而当减持幅度较小时，控股股东的减持行为对公司经营有正向影响（刘亚莉、李静静，2010）。从获取控制权私有收益的角度出发，大股东利用信息不对称进行违规减持，利用控制攫取外部中小股东利益，造成市场不公平（周陆海，2014）。同时，刘星和张超（2014）也通过分析重庆啤酒疫苗事件，发现国有企业大股东利用概念炒作，伺机减持，造成股价大幅度波动，而股价暴涨暴跌直接损害了外部中小股东利益。大股东频繁利用减持获取私有收益的行为也会扰乱证券市场的均衡状态。蔡海静等（2017）研究发现，上市公司大股东会利用"高送转"推高股价配合减持，以此获取超额收益，但该行为扰乱了市场秩序，影响了外部投资者对公司经营预期，扭曲了市场交易机制，不利于我国证券市场健康稳定。张晓宇、徐龙炳（2017）则从资本运作角度出发，验证了大股东在限售股解禁前后通过资本运作推动股价提升，同时高位减持套现，加剧了股市动荡，从而加剧当季及下一季度的股价崩盘风险。吴战篪和吴伟立（2018）从公司融资与投资视角探讨了大股东减持对实体经济的影响，结果发现大股东违规减持加剧了公司融资约束，从而降低了上市公司把握投资机会的能力。

近年来，随着信息传播路径的转变，互联网的出现颠覆了媒体报道以及人们获取信息的方式，媒体报道不再仅仅是信息中介的作用，其公司治理和社会监管作用越来越重要（孔东民等，2013；周开国等，2016）。学术界将媒体起到治理和监督作用的机制分为三大类，即降低信息不对称性机制、声誉机制以及行政介入机制（Dai et al.，2015）。首先，从信息不对称性来看，新闻报道能够降低公司与投资者间的信息不对称程度（Bushee et al.，2010），并将公司真实治理情况展现给公众，提升公司经营情况透明度（李常青、熊艳，2012）。其次，从声誉机制角度出发，媒体监督作用的发挥主要是由监管机构采取行动进而影响公司声誉促进的（Dyck et al.，2008）。声誉受损成本会在共同体成员之间进行传递，这也解释了媒体监督通过声誉机制实现投资者利益保护的作用机理（李焰、王琳，2013）。最后，当媒体借助政府这一"路径"时，媒体报道的治理功能往往是有效的，甚至一些研究认为，我国媒体公司治理作用的发挥主要是通过引起相关政府机关介入而实现的（李培功、沈艺峰，2010）。而且，当媒体之外的监督机制或声誉机制不能发挥作用时，媒体监督职能的发挥并不必然转化为媒体的治理功能（杨德明、赵璨，2012）。当然，也有学者对媒体的治理、监督职能存在不同看法。逯东等（2015）将媒体分为网络媒体、政策导向型媒体和市场导向型媒体，通过研究发现网络媒体和政策导向型媒体能够提高部分上市公司的内部控制质量，但市场导向型媒体却不能。

从已有研究可知，大多数学者支持媒体具有监督功能的观点，同时也认可媒体监督功能的实现需要媒体之外其他监督机制、声誉机制或法律机制的配合。目前，关于媒体监督治理功能对上市公司大股东减持行为影响的研究较少，而且现有文献主要是对媒体针对性的报道进行研究，如媒体负面报道、针对某事件的报道等，对媒体日常监督作用的关注不够。因此，本章以媒体日常监督作用为视角，研究媒体关注度对大股东减持的影响。本章结论不仅拓宽了媒体关注对公司治理影响的相关研究成果，同时也为监管部门监督大股东违规减持、保护中小股东利益提供了借鉴。

第二节　研究假设

一、媒体关注与大股东违规减持可能性

持股比例越大的股东在董事会议中的决策权也越大，因此，掌握信息优势的大股东具有违规减持的动机与能力（曾庆生，2008；Ali et al.，2011）。违规减持主要分为减持操作违规与信息披露违规两大类。大股东之所以会出现违规减持，主要有三大原因：其一，巨额收益的诱惑。大股

东可通过精准的时机选择能力，在减持披露前获得丰厚超额收益（Khan and Lu，2013；刘星、张超，2014）。其二，抱有侥幸心理。违规减持操作往往隐蔽性较高，监管部门难以查处，并且审查耗时长，处罚力度不大，难以形成有效的惩戒力度。如“短线交易”行为，涉事人员总会借口“手误”或不知情人士操作导致，具体缘由相关监管部门无法准确认定，为违规减持的处罚决定增加了难度。其三，投资者法律意识薄弱。

股权分置改革后，非流通股交易费用的降低使大股东开始寻找利用股权转让获取私有收益的途径。当公司在市场上估值水平较高时，基于规避不确定性风险的动机，大股东倾向于通过减持弥补股价波动带来的收益受损。为获取超额收益，大股东在减持过程中常常隐匿侵害中小股东利益的行为。目前大股东利用控制权牟取私利的形式主要有三种：违法违规的“闯红灯模式”；合法但不合理的“擦边球模式”；合乎法律规范和公司治理程序，但可能有悖社会伦理的不合情的“蚕食者模式”，而中小股东对此往往后知后觉（郝云宏等，2013）。大股东利用控制权操纵信息披露，通过释放利好消息，吸引中小投资者进场，而后通过股价高位减持甚至违规减持，攫取短期利益（Chen et al.，2018）。违规减持被揭露后，公众对于企业品牌的信任度会降低，公司声誉与股东个人声誉也会受到影响，最终导致公司产品销量下滑、公司融资困难等不利后果。

目前，上市公司大多根据监管部门要求建立了内外部监督机制，如董事会与监事会的监督机制、高管薪酬激励机制和设立内部审计部门等，实践证明这些都是非常有效的内部治理机制。与此同时，法律、市场竞争、品牌声誉等外部治理机制也都获得了学者们的普遍认可。随着安然公司财务造假、银广夏虚构利润和亿安科技虚假股市神话等事件被媒体揭露，人们开始日益重视媒体的监督治理功能。当今的媒体报道不仅起到了信息传播媒介的作用，还间接降低了公众对公司治理的监督成本。那么，媒体关注为何能够发挥有效的监督作用呢？一方面，媒体自身具有很强烈的监督治理动机。媒体曝光的董事会负面新闻越多，管理层越会采取积极措施，纠正错误行为（Joe et al.，2009）。随着信息技术发展，网络流量媒体异军突起，使媒体报道成本更低，传播范围更广。同时，媒体通过高质量新闻报道，可以提升自身影响力和声誉，从而取得更高行业地位。另一方面，相对于中小投资者而言，媒体具有更低的监督成本和更广的监督效应。通过利用信息不对称性机制、声誉机制以及行政介入机制（Dai et al.，2015），能够起到监督公司股东行为的作用。具体通过以下几个方面体现：一是媒体可以通过专业手段收集到较全面的信息，并且使大股东投机行为曝光，从而帮助中小投资者做出更加理性的决策；二是媒体对违规行为的报道，会使公司社会形象受到负面影响，降低投资者对公司的投资热度以及公众对公司产品的购买热度，同时也会影响股东个人声誉，对股东日常社交活动产生负面影响（Dyck et al.，2008），所以为了降低负面报道给公司带来的声誉损失和财富损失，大股东在减持过程中会注意相关法律、法规以及社会伦理等道德标准；三是从媒体关注的扩大效应角度出发，媒体对违规行为的报道会引起监管部门关注，从而使股东违规行为受到行政处罚（李培功、沈艺峰，2013），这是最直接的监督治理方式。当上市公司受到媒体较多关注时，股东与中小投资者间信息不对称程度会更低，大股东在减持时也会受到更大约束。也就是说，当上市公司大股东受到媒体的监督制约时，在减持时会注重投资者和社会公众评价，也会坚守法律道德底线，以避免违规减持。据此，本章提出以下假设：

H6-1：媒体关注会抑制大股东违规减持，媒体关注度越高的公司，其大股东违规减持可能性越低。

二、媒体关注与不同产权性质的大股东违规减持

不论是机构还是个人投资者，其交易行为都会受到媒体报道的影响（谭松涛等，2014）。媒体对公司的关注度较高时，控股股东违规减持会使公司股价下跌幅度增加，此时控股股东利益损失最大，因此，控股股东有动机避免或减少违规减持。控股股东声誉地位可以约束其减持行为，而媒体关注度在一定程度上能够影响控股股东声誉，当控股股东违规减持受到

媒体高度关注，控股股东声誉将受损，因此，为了维护良好的声誉，他们会减少违规行为（陈红等，2014）。媒体负面报道会减少控股股东的掏空行为（李明、叶勇，2016）。但是，也有学者提出相反观点，他们认为，控股股东为了获取控制权和私人收益，常常利用内幕消息套取超额收益（俞红海、徐龙炳，2010）。实证结果表明，控股大股东在减持过程中获取的股权转让溢价远远高于非控股大股东（刘亚莉等，2010）。由于控股股东具有内部知情人士的地位优势，对公司内部信息掌握情况更加全面，操纵信息披露的能力更强，为了攫取超额收益，不乏控股股东采取隐匿手段进行减持，甚至不顾及法律和道德底线违规减持（吴育辉、吴世农，2010）。控股股东一般在上市公司中股份占比最大，其受到的内外部监督效力和制约效力较弱，控制权的存在能为他们违规减持提供“绿灯”通道。因此，在个人利益与公司形象之前进行权衡时，控股股东往往倾向于财富，媒体关注度对控股股东违规减持没有起到实质性监督作用。

控股大股东和非控股大股东在公司中拥有不同的话语权，与控股股东相比，非控股股东持股比例较低，难以对企业决策产生影响，掌握的内部信息明显少于控股股东，因此，控股股东拥有更多机会实施“掏空”行为。基于股权制衡理论，非控股股东与控股股东形成股权制衡，促进企业发展（李姝等，2018）。因此，非控股股东违规减持的动机不是很强，更容易被约束。但非控股股东相对于控股股东而言，对公司的归属感较弱，在做出减持决定时可能更注重自身短期利益，即声誉机制对非控股股东的约束效力远远小于控股股东。

由此，我们提出以下假设：

H6-2a：媒体关注更可能抑制控股股东违规减持行为。

H6-2b：媒体关注更可能抑制非控股股东违规减持行为。

三、媒体关注在不同层次市场的监督作用

多样化的投资和融资需求决定了我国多层次资本市场的特征。不同板

块公司的首次公开募股（Initial Public Offoring，IPO）制度不同，主板市场对发行人的营业期限、股本大小、盈利水平、最低市值等方面要求标准较高，上市企业多为大型成熟企业，具有较大的资本规模以及稳定的盈利能力。相对来讲，中小板对公司要求要低一些，通常中小板公司规模较小，属于高成长和高收益的处于成长期的中小企业，市场波动性较大。创业板市场在准入条件、公司治理要求和信息披露制度方面的要求都低于主板市场，并且创业板的各项财务要求也更为宽松。创业板公司以高成长性公司中小企业为主，为风险投资和创投企业建立正常退出机制。以高发行价、高市盈率、高投机性和股价高波动性为特征的创业板减持以 IPO 前的原始股份、控股股东减持为主（于忠泊、杨星，2016）。从成立时间来看，主板市场最早诞生，经历了近 30 年的发展，逐渐趋于成熟。中小板也走过了 15 年风雨之路，相比之下，创业板是最年轻的，刚超过 10 年时间，还不是很成熟。而绝大多数创业板公司上市前身是民营企业或家族企业，同时又因为创业板上市公司大多为高新技术产业，原有大股东往往是公司的技术骨干或对该领域较为了解的内行人，这种特征加剧了大小股东之间的信息不对称性（陈维、吴世农，2013），增加了大股东利用违规减持获取私人收益的动机。此外，创业板上市公司主要是高科技型和创新型中小企业，其特点是高投资、高风险、高回报，但其产品回报周期长，所以大股东为了牟取短期利益而进行违规减持的动机可能更强，因而可能媒体监督作用对于创业板市场大股东违规减持不强。因为媒体监督作用的发挥需要其他治理机制相配合，根据以上特征我们可以推测，主板市场发展较成熟，外界监督更可能发挥作用，处于成长期的中小板公司多为新兴企业，是创业板公司的前奏，其历史使命就是要使创业板得到更好发展。因此，公众对中小板的关注度相对较高，其特殊地位使它担心违规行为被媒体曝光，从而更可能抑制大股东违规减持行为。创业板具有高投资、高回报特征，对于不太成熟的市场，公司治理有诸多漏洞，因此，媒体监督无法有效阻挡大股东违规减持获利。据此，我们提出本章第三个假设。

H6-3：媒体关注在不同层次资本市场中发挥着不同作用，即媒体关注度在主板市场、中小板市场和创业板市场的监督作用有差异。

第三节　研究设计

一、样本选择与数据来源

为了检验媒体报道对大股东违规减持的监督作用，将样本分为违规减持（实验组）与正常减持（对照组），讨论媒体关注对大股东是否违规减持的影响，以及在违规减持样本中媒体关注是否影响减持比例和减持数量。本章的“大股东”是指除去董监高人员后持股比例大于等于5%的股东。我国对上市公司大股东违规减持采取的监管措施主要有两种[①]：第一，对于违规行为较轻者，证券交易所或证监会会发布监管函、警示函；第二，对于违规行为严重者，证监会会发布处罚决定公告。

运用PSM选出对照组。由于正常减持样本数量远远大于违规减持样本数量，直接分析所有样本公司大股东是否有违规减持行为与媒体关注度之间的关系，很可能受到其他因素干扰，影响媒体关注度监督效用的验证。因此，本章利用SPSS将违规减持数据（实验组数据）和未违规减持数据（对照组数据）相匹配。由于不同年份上市公司所处外部环境不同，首先，将未违规减持的2264次样本行为按年份进行划分；其次，将限定容差率定在0.05水平；最后，将大股东是否有违规减持行为定为组别标志，按照所有控制变量数据来进行匹配，以使内外部因素都尽可能相近并有可比性。由于2012年违规减持样本无法匹配到相对应的未违规减持样

① 本书的违规减持行为包括两种，既包括大股东减持受到证券交易所或证监会通告、处罚的行为，又包括收到监管函、警示函及处罚公告的行为。

本，同时 2012 年违规减持样本的事件发生时间是在 2012 年底（2012 年 12 月 26 日、2012 年 12 月 27 日），因此，本章将 2012 年数据与 2013 年数据合并进行匹配。通过匹配，最终得到 191 个实验组样本和 191 个对照组样本，共 382 个样本。

本章以沪深两市 2012~2018 年存在大股东减持的上市公司为研究对象。手工筛选出违规减持样本，将备注中含有“违规公司”“违规时间”“违规公告”“处罚机构”等词的样本定义为违规减持。剔除了以下样本数据：上市公司董事、高管等违规减持的数据；金融行业公司数据；ST 公司数据和已经退市公司数据；减持比例在 1%以下的数据（违规减持除外）；数据缺失的样本。最终得到违规减持样本 198 个公司年，正常减持样本 2264 个公司年（注：如果一年内发生几次减持的只算一个样本）。媒体关注度的数据来源于“百度新闻搜索引擎”。以上市公司简称为关键词进行搜索，以爬虫软件手工获取违规减持和正常减持行为发生日 7 天前 180 天内的新闻报道量为媒体关注度。其他变量数据主要来源于 RESSET 和 CSMAR 数据库。

二、模型构建

为考察媒体监督对上市公司大股东是否违规减持的作用，构建模型（6-1）：

$$IR_t = \beta_0 + \beta_1 Media_t + \beta_2 Size_{t-1} + \beta_3 ROA_{t-1} + \beta_4 LEV_{t-1} + \beta_5 Turnover_{t-1} + \beta_6 Growth_{t-1} + \beta_7 Ind_{t-1} + \beta_8 Sup_{t-1} + \beta_9 Dual_{t-1} + \beta_{10} ZH_{t-1} + \beta_{11} AH_{t-1} + \beta_{12} Year_t + \beta_{13} Industry_t + \xi \quad (6-1)$$

其中，被解释变量 IR 为是否有违规减持行为，主要解释变量 Media 为媒体关注度。如果媒体关注度对违规减持有积极的监督作用，则减少违规减持现象，预期系数 β_1 显著为负。依据变量特征，采用 Logit 回归对模型（6-1）进行回归分析。

三、变量定义

对于媒体关注度，学术界有多种不同的测算方法。David 等（2015）通过 Factiva 数据库获取典型的、与散户相关报纸上的报道如《华尔街日报》《纽约时报》《华盛顿邮报》和《今日美国》。吕敏康、冉明东（2012）选择《中国证券报》和《上海证券报》等 24 种主流财经报纸为数据来源，用信息科学中的自然语言处理技术和方法，分析文章相关度、文章重要度和媒体重要度等因素，构建媒体关注度指数。罗进辉（2012）通过“百度新闻搜索引擎”，以上市公司简称为关键词，通过新闻标题进行搜索。

如今纸媒报道因缺乏及时性、成本高而日益被网络新媒体所取代。百度新闻超过 500 个新闻源，每天 24 小时不间断更新，具有及时性。因此，本章参考罗进辉（2012）的文献，运用“百度新闻搜索引擎”搜索关键词，即上市公司简称，以 180 天内媒体报道量作为衡量媒体关注度的指标（即 180 天为事件研究窗口期）。值得注意的是，时间窗口结束日为违规减持或减持事件发生的前 7 天。因为事件发生前后媒体对上市公司的关注度可能会由于大股东减持行为而产生差异，所以去除减持前 7 天的媒体报道量可以更客观反映媒体对上市公司的日常监督情况。

在借鉴以往研究的基础上（逯东等，2015；Dai et al.，2015），加入了相关财务指标为控制变量，包括公司规模、盈利能力、偿债能力等；加入了反映公司内部治理的控制变量，包括独立董事人数、监事会规模、两职合一、股权制衡度、上市标识、第一大股东持股比例等；还加入了营业收入增长率、换手率（用总股数平均日换手率）、樊纲指数①、是否国有等控制变量。由于是事件研究，事件发生后的年末因素不会对事件发生产生影响，

① 樊纲指数中 2011~2014 年数据摘自《中国市场化指数：各地区市场化相对进程》一书，2015~2017 年的数据通过上书 2008~2014 年数据进行指数拟合测算。首先将各省份 2008~2014 年的年份设为 x，市场化指数设为 y，代入 Excel 表格并绘制出相对的市场化指数散点图，增加指数趋势线及公式，再将 2015~2017 年代入公式，求出相应的 y 值，即测算出各省份相对应的市场化指数。

因此，除了解释变量和被解释变量外，其他控制变量均取上一期期末值。

主要变量定义如表 6-1 所示。

表 6-1　主要变量定义

	变量名称	符号	变量说明
被解释变量	是否违规减持	IR	公司有大股东违规减持，取值为 1，否则取 0
	是否控股股东违规减持	Ctrholder	在减持公司中，如果是控股股东减持，取值为 1，否则取 0
	违规减持比例	Ratio	大股东违规减持股数占总股数的比例
	减持数量	Number	大股东违规减持股数量
解释变量	媒体关注度	Media	违规减持 7 天前 180 天内新闻报道数量
控制变量	公司规模	Size	滞后一期公司总资产账面价值的自然对数
	资本收益率	ROA	滞后一期公司净利润与平均资本的比率，反映公司的盈利能力
	资产负债率	LEV	滞后一期负债总额与资产总额的比率，反映公司的偿债能力
	独立董事数量	Ind	滞后一期独立董事数量，衡量公司的内部监督水平
	监事会规模	Sup	滞后一期监事会人数
	两职合一	Dual	滞后一期当公司董事长兼任总经理取值为 1，否则取 0
	股权制衡度	ZH	滞后一期第一到第五大股东持股比例之和与第一大股东持股比例之比
	营业收入增长率	Growth	滞后一期主营业务收入总额与上上期主营业务收入差值的比率，反映公司的成长性
	是否在 A 加 H 股上市	AH	滞后一期当上市公司在其他市场交叉上市，取值为 1，否则取 0
	换手率	Turnover	滞后一期总股数平均日换手率
	第一大股东持股比例	Top1	滞后一期上市公司第一大股东持股比例
	樊纲指数	FG	滞后一期公司所在地区法律指数
	是否国有	State	国有公司取值为 1，否则取 0
	年度虚拟变量	Year	年度虚拟变量，控制不同年份宏观经济因素的影响，共设 6 个年度虚拟变量，若属于减持事件年则赋值为 1，否则为 0
	行业虚拟变量	Industry	按证监会行业标准设置，若属于该行业则赋值为 1，否则为 0

第四节　实证结果与分析

一、描述性统计分析

（一）主要变量描述性统计

所有变量的描述性统计如表 6-2 所示。Media 均值是 47.420，平均每 2.63 天就会对上市公司进行一次报道，均值远高于中位数 24.500，说明媒体关注度大的样本占比较大，媒体对上市公司有日常监督作用且积极性较大。Ctrholder 均值为 0.335，说明控股股东减持倾向小于非控股股东。ROA 均值为 0.032，说明样本数据中公司的资金利用效率不高。LEV 均值为 0.411，说明样本数据中公司的偿债能力适当。Ind 和 Sup 均值分别为 3.149 和 3.325，说明样本数据中公司的内部监督水平一般。Dual 均值为 0.382，说明样本数据中公司兼任的情况相对较少。ZH 均值为 1.164，说明样本数据中公司股权制衡能力较低。Top1 均值为 31.760，大于中位数 28.940，说明样本数据中第一大股东持股比例较大。Growth 均值为 1.058，说明样本数据中公司营业收入有所增长。AH 均值为 0.031，说明样本数据中同时在其他股上市的公司远少于只在 A 股上市的公司。Turnover 均值为 1.992，说明样本数据中公司股票较活跃，股民购买意愿较高。FG 均值为 8.517，说明样本数据中公司的市场化指数良好。State 均值为 0.225，中位数为 0，说明样本数据中国有上市公司数量相对较少。

表 6-2　主要变量描述性统计

变量	样本量	均值	标准差	最小值	最大值	中位数
IR	382	0.500	0.501	0	1.000	0.500
Media	382	47.420	94.660	1.000	998.000	24.500

续表

变量	样本量	均值	标准差	最小值	最大值	中位数
Ctrholder	382	0.335	0.473	0	1.000	0
Size	382	21.750	1.171	18.590	26.650	21.620
ROA	382	0.032	0.079	-1.068	0.295	0.035
LEV	382	0.411	0.221	0.020	1.019	0.389
Ind	382	3.149	0.543	2.000	5.000	3.000
Sup	382	3.325	0.793	2.000	7.000	3.000
Dual	382	0.382	0.487	0	1.000	0
ZH	382	1.164	0.857	0.041	5.249	0.932
Top1	382	31.760	13.720	4.151	77.510	28.940
Growth	382	1.058	1.663	-4.042	17.560	0.600
AH	382	0.031	0.175	0	1.000	0
Turnover	382	1.992	1.306	0.111	6.975	1.676
FG	382	8.517	1.749	2.950	11.760	9.080
State	382	0.225	0.418	0	1.000	0

（二）样本描述性分析

表 6-3 和图 6-1 是大股东减持样本的年度分布及其柱状图。大股东正常减持与违规减持的趋势基本一致，2012~2015 年整体呈上升趋势，2015~2018 年整体呈下降趋势；2015 年、2016 年大股东违规减持样本量占样本总量比例最大，为 11%，近三年占比较大，分别为 11%、9%和 7%，说明违规减持行为没有得到根本抑制。

表 6-3　大股东减持样本年度分布

年份	2012	2013	2014	2015	2016	2017	2018	合计
大股东违规减持样本数	2	10	24	51	46	31	32	196
大股东正常减持样本数	215	367	444	515	356	264	318	2479
违规减持占样本总量比例（%）	1	3	5	9	11	11	9	7

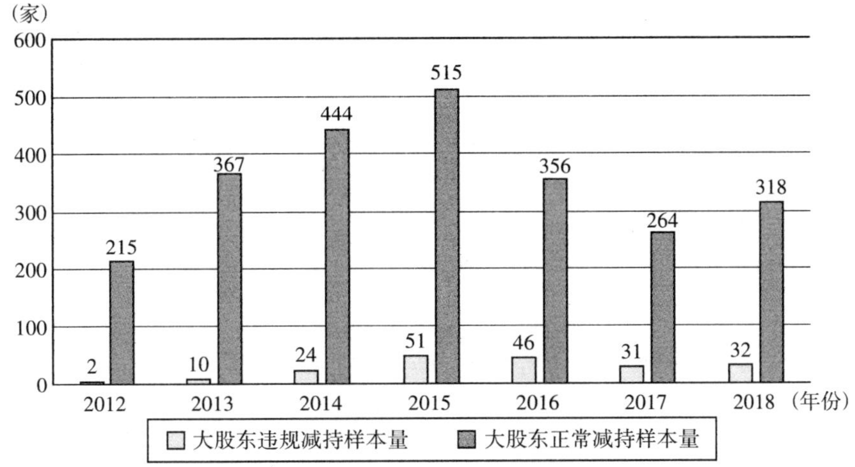

图 6-1　大股东减持样本年度分布柱状图

表 6-4 统计了上市公司控股股东与非控股股东减持情况。从减持行为频率来看，控股股东正常减持和违规减持行为都小于非控股股东；从减持年度分布来看，2012~2018 年，控股股东减持行为整体呈上升趋势，非控股股东减持行为整体呈下降趋势。表 6-5 显示了不同板块上市公司大股东减持情况，主板、中小板和创业板市场上市公司中大股东正常减持和违规减持分布大致均衡，其中，中小板市场减持行为最多，其次是主板市场，最后是创业板市场。

表 6-4　上市公司控股股东与非控股股东减持分布

年份		2012	2013	2014	2015	2016	2017	2018	合计
正常减持	控股	50	112	182	246	140	109	126	965
	非控股	165	255	262	269	216	155	192	1514
	合计	215	367	444	515	356	264	318	2479
违规减持	控股	0	2	8	21	11	8	6	56
	非控股	2	8	16	30	35	23	26	140
	合计	2	10	24	51	46	31	32	196
正常减持占总样本比例（%）	控股	23	30	39	43	35	37	36	36
	非控股	76	68	56	48	54	53	55	57

续表

年份		2012	2013	2014	2015	2016	2017	2018	合计
违规减持占总样本比例（%）	控股	0	1	2	4	3	3	2	2
	非控股	1	2	3	5	9	8	7	5
减持行为占总样本比例（%）	控股	23	30	41	47	38	40	38	38
	非控股	77	70	59	53	62	60	62	62

表 6-5　不同板块上市公司大股东减持分布

年份		2012	2013	2014	2015	2016	2017	2018	合计
正常减持	主板	69	97	154	238	121	91	126	896
	中小板	94	159	177	172	137	95	97	931
	创业板	52	111	113	105	98	78	95	652
	合计	215	367	444	515	356	264	318	2479
违规减持	主板	0	1	9	19	21	6	9	65
	中小板	1	6	11	16	18	13	11	76
	创业板	1	3	4	16	7	12	12	55
	合计	2	10	24	51	46	31	32	196

二、相关性分析

表 6-6 为本章主要变量的相关系数矩阵。IR 和 Media 相关系数为-0.193，在 1%水平上显著，表明媒体关注度越高，上市公司大股东越不倾向于违规减持，初步支持了 H6-1。此外，IR 和 Growth、AH、State 的相关系数分别为-0.418、-0.120、-0.100，分别在 1%、5%、10%水平上显著，符合变量间相关性的基本逻辑。虽然模型各控制变量之间的相关系数最大为 0.742，但是绝大多数都在 0.200 以下，普遍都不大，说明模型不存在严重的共线性问题，保证了后面实证结果的准确性。

表 6-6　主要变量相关系数

	IR	Media	Size	ROA	LEV	Ind	Sup	Dual	ZH	Top1	Growth	AH	Turnover	FG
Media	-0.193^{***}	1	—	—	—	—	—	—	—	—	—	—	—	—
Size	-0.085^{*}	0.367^{***}	1	—	—	—	—	—	—	—	—	—	—	—
ROA	0.016	-0.071	-0.036	1	—	—	—	—	—	—	—	—	—	—
LEV	-0.057	0.199^{***}	0.509^{***}	-0.268^{***}	1	—	—	—	—	—	—	—	—	—
Ind	0.005	-0.003	0.189^{***}	-0.018	0.128^{**}	1	—	—	—	—	—	—	—	—
Sup	-0.013	-0.030	0.147^{***}	-0.046	0.235^{***}	0.137^{***}	1	—	—	—	—	—	—	—
Dual	0.054	-0.061	-0.155^{***}	0.029	-0.066	-0.107^{**}	-0.139^{***}	1	—	—	—	—	—	—
ZH	-0.015	0.009	-0.050	0.139^{***}	-0.162^{***}	-0.059	-0.019	-0.036	1	—	—	—	—	—
Top1	0.007	0.052	0.155^{***}	-0.074	0.076	0.077	-0.034	0.088^{*}	-0.742^{***}	1	—	—	—	—
Growth	-0.418^{***}	0.138^{***}	0.136^{***}	-0.020	0.131^{**}	0.002	0.082	-0.148^{***}	0.044	-0.002	1	—	—	—
AH	-0.120^{**}	-0.017	0.051	-0.032	-0.020	-0.022	0.040	-0.111^{**}	0.046	-0.040	0.052	1	—	—
Turnover	0.001	-0.056	-0.250^{***}	-0.096^{*}	-0.035	-0.082	0.026	-0.007	-0.020	-0.195^{***}	-0.109^{**}	0.012	1	—
FG	-0.027	-0.005	0.022	0.027	-0.018	0.037	-0.064	-0.007	-0.011	0.009	-0.050	0.017	0.038	1
State	-0.100^{*}	-0.040	0.180^{***}	-0.043	0.238^{***}	0.221^{***}	0.325^{***}	-0.334^{***}	-0.182^{***}	0.137^{***}	0.089^{*}	0.119^{**}	-0.010	0.009

注：*、** 和 *** 分别表示在 10%、5%和 1%的水平上显著。

三、回归结果分析

（一）媒体关注度对上市公司大股东是否违规减持的影响分析

本章首先讨论媒体监督是否会影响公司大股东违规减持，如表 6-7 所示，Model 1 结果显示，媒体关注度与上市公司大股东是否违规减持的回归系数为-0.011，在 1%水平上显著，T 值为-3.40，说明媒体关注度每提高 1%，那么大股东违规减持的倾向性就下降 0.011%，即媒体关注度越高，上市公司大股东越不倾向于违规减持，表明媒体关注对上市公司大股东违规减持起到了明显的约束作用。Model 2 加入了相关财务控制变量，Model 3 加入了反映公司内部治理的相关指标控制变量，Model 4 加入了所有控制变量，三个模型的结果显示，Media 的回归系数分别为-0.012、-0.011 和-0.013，T 值分别为-3.379、-3.380 和-3.099，均在 1%置信水平下显著相关。回归结果表示，当上市公司受到来自媒体的关注度越高时，大股东基于维护公司、个人形象的动机，会从公司长远发展考虑，越会减少违规减持获取私有收益的行为，该结论验证了本章研究假设 H6-1。

表 6-7　媒体关注度对大股东是否违规减持的影响

变量	Model 1	Model 2	Model 3	Model 4
	仅引入媒体关注度	加入相关财务控制变量	加入公司内部治理指标控制变量	全控制变量
Media	-0.011 (-3.40)***	-0.012 (-3.379)***	-0.011 (-3.380)***	-0.013 (-3.099)***
Size	—	0.068 (0.551)	—	0.083 (0.532)
ROA	—	0.290 (0.160)	—	-0.560 (-0.304)
LEV	—	0.058 (0.088)	—	0.240 (0.305)
Ind	—	—	0.011 (0.053)	0.080 (0.314)

续表

变量	Model 1	Model 2	Model 3	Model 4
	仅引入媒体关注度	加入相关财务控制变量	加入公司内部治理指标控制变量	全控制变量
Sup	—	—	0.001 (0.004)	0.038 (0.198)
Dual	—	—	0.228 (0.951)	−0.233 (−0.820)
ZH	—	—	0.081 (0.411)	0.048 (0.203)
Top1	—	—	0.001 (0.069)	0.005 (0.335)
Growth	—	—	—	−1.130 (−6.885)***
AH	—	—	—	−1.242 (−1.436)
Turnover	—	—	—	−0.072 (−0.536)
FG	—	—	—	−0.093 (−1.218)
State	—	—	—	−0.751 (−1.987)**
Year FE	Yes	Yes	Yes	Yes
Industry FE	Yes	Yes	Yes	Yes
Constant	12.52 (0.020)	11.07 (0.018)	12.22 (0.020)	11.89 (0.019)
Pseudo R^2	0.110	0.111	0.113	0.278
样本量	382	382	382	382

注：括号内为 T 值，*、** 和 *** 分别表示在 10%、5%和 1%的水平上显著。

（二）媒体关注度对上市公司大股东违规减持数量及比例的影响分析

在讨论了媒体关注度对上市公司大股东是否违规减持的影响后，进一步以上市公司大股东违规减持样本为研究对象，讨论媒体关注度对违规减持数量和比例所产生的影响。用违规减持数量（Number）和违规减持比例

（Ratio）分别作为被解释变量，媒体关注度（Media）作为解释变量进行回归，其结果如表 6-8 所示。表 6-8 的 Model 1 是媒体关注度对违规减持数量的影响模型，Model 2 是媒体关注度对违规减持比例的影响模型。在 Model 1 中，违规减持数量（Number）与媒体关注度（Media）之间呈负相关，但并不显著（回归系数为-0.001，T 值为-0.761）；在 Model 2 中，违规减持比例（Ratio）与媒体关注度（Media）之间仍为不显著的负相关（回归系数为-0.001，T 值为-0.165）。结果表明，在上市公司大股东违规减持样本中，媒体关注度对违规减持数量和比例的影响作用有限。

表 6-8　媒体关注度对大股东违规减持数量及比例的影响

变量	Model 1	Model 2
	违规减持数量	违规减持比例
Media	-0.001 (-0.761)	-0.001 (-0.165)
Size	0.412 (2.310)**	-0.188 (-1.130)
ROA	-6.010 (-2.294)**	-4.851 (-1.982)**
LEV	0.104 (0.115)	0.426 (0.503)
Ind	-0.392 (-1.357)	-0.580 (-2.146)**
Sup	-0.255 (-1.245)	-0.256 (-1.336)
Dual	-0.387 (-1.264)	-0.265 (-0.925)
ZH	-0.026 (-0.103)	0.140 (0.597)
Top1	-0.013 (-0.779)	-0.002 (-0.145)
Growth	0.020 (0.140)	0.112 (0.850)
AH	1.040 (0.691)	-0.099 (-0.070)

续表

变量	Model 1	Model 2
	违规减持数量	违规减持比例
Turnover	-0.082 (-0.472)	-0.041 (-0.253)
FG	0.100 (1.214)	0.084 (1.083)
State	0.237 (0.530)	0.551 (1.322)
Year FE	Yes	Yes
Industry FE	Yes	Yes
Constant	-4.320 (-1.038)	3.135 (0.806)
Pseudo R^2	0.246	0.229
样本量	191	191

注：括号内为 T 值，*、** 和 *** 分别表示在 10%、5%和 1%的水平上显著。

（三）媒体监督对上市公司控股股东是否违规减持的影响分析

从理论上讲，相对于非控股股东，控股股东对公司的各项决策拥有绝对控制权。因此，本章进一步讨论媒体关注对控股股东和非控股股东违规减持行为的影响是否有差异。本章变量定义中的控股股东包括上市公司控股股东、实际控制人以及两者的一致行动人。此处沿用上文模型，并加入股东性质（Ctrholder）与媒体关注度（Media）的交互项（Ctrholder × Media），然后分别将上市公司控股股东是否违规减持与非控股股东是否违规减持的数据进行 logit 回归。如表 6-9 所示，Model 1 中被解释变量 IR与解释变量 Media 之间呈负相关，且在 10%置信水平上显著（回归系数为-0.019，T 值为-1.778）；Model 2 中被解释变量 IR 与解释变量 Media 之间呈负相关，且在 1%置信水平上显著（回归系数为-0.013，T 值为-2.634）。对比两组模型的回归系数，控股股东组数据在 10%置信水平上显著，非控股股东组数据在 1%置信水平上显著，即非控股股东组数据更为显著，也就是说在一定程度上体现了媒体监督作用对非控股股东是否违规减持的影响大于控股股东。Model 3 中交互项（Ctrholder × Media）之间为正相关，但不显著（回归系数为 0.002，T 值为 0.323），说明媒体关注度对是否控股大股东减持的监督作用没有显著差别。随后我们采用联立方程似无关估计方法（结果未在此报告），进一步检验发现控股股东模型与非控股股东模型两组间媒体关注度变量（Media）的回归系数之间有差异，但仍然不显著。也就是说，与控股股东减持的上市公司相比，媒体关注度对非控股股东违规减持的监督效果没有显著差异，H6-2 没有得到验证。

表 6-9　媒体监督对上市公司控股股东是否违规减持的影响分析

变量	Model 1	Model 2	Model 3
	控股股东	非控股股东	加入交互项
Media	-0.019 (-1.778)*	-0.013 (-2.634)***	-0.014 (-2.771)***
Ctrholder	—	—	-0.046 (-0.119)
Ctrholder × Media	—	—	0.002 (0.323)
Size	0.620 (1.549)	0.004 (0.019)	0.079 (0.497)
ROA	-1.101 (-0.254)	0.112 (0.051)	-0.612 (-0.327)
LEV	-0.611 (-0.346)	0.859 (0.908)	0.247 (0.313)
Ind	0.112 (0.169)	0.085 (0.299)	0.077 (0.301)
Sup	0.236 (0.565)	-0.030 (-0.130)	0.040 (0.213)
Dual	-0.122 (-0.195)	-0.408 (-1.195)	-0.239 (-0.836)
ZH	0.298 (0.510)	0.003 (0.009)	0.064 (0.263)
Top1	0.006 (0.190)	0.013 (0.624)	0.006 (0.361)

续表

变量	Model 1	Model 2	Model 3
	控股股东	非控股股东	加入交互项
Growth	-1.418 (-3.915)***	-0.969 (-5.086)***	-1.130 (-6.840)***
AH	—	-0.762 (-0.702)	-1.257 (-1.454)
Turnover	0.063 (0.224)	-0.108 (-0.653)	-0.074 (-0.547)
FG	-0.269 (-1.260)	-0.111 (-1.253)	-0.093 (-1.208)
State	-2.018 (-2.298)**	-0.519 (-1.133)	-0.752 (-1.987)**
Year FE	Yes	Yes	Yes
Industry FE	Yes	Yes	Yes
Constant	-10.030 (-1.235)	13.740 (0.024)	11.720 (0.0216)
Pseudo R^2	0.430	0.229	0.279
样本量	122	254	382

注：Model 1 的控制变量 AH 被 Stata 删除 6 个样本，所以 Model 1 样本量从 128 减少到 122；括号内为 T 值，*、** 和 *** 分别表示在 10%、5%和 1%的水平上显著。

（四）媒体监督对不同板块上市公司大股东是否违规减持的影响分析

最后，将主板上市公司、中小板上市公司和创业板上市公司大股东是否有违规减持行为进行对比分析。主板上市包括深市和沪市的公司数据。

在表 6-10 中，Model 1 为主板市场数据，被解释变量 IR 与解释变量 Media 的回归系数为-0.020，T 值为-1.973，在 5%置信水平上呈显著负相关；Model 2 为中小板市场数据，被解释变量 IR 与解释变量 Media 的回归系数为-0.018，T 值为-2.582，仍在 1%置信水平上呈负相关。说明在主板市场和中小板市场的上市公司，其大股东会更多考虑长期收益，为了维护公司与自身形象，不倾向违规减持。Model 3 为创业板市场数据，被解释变量 IR 与解释变量 Media 的回归系数为-0.015，T 值为-1.631，两者呈负相关，但不显著。在创业板市场的上市公司，其大股东更倾向于维护短期自身利益，因此，无视媒体的监督作用，选择违规减持。综上可知，媒体关注度越高，主板和中小板市场上市公司大股东越不倾向于违规减持，而创业板市场公司大股东违规减持行为未受到很大的监督作用，H6-3 得到验证。

表 6-10 媒体监督对不同板块上市公司大股东是否违规减持的影响分析

变量	Model 1	Model 2	Model 3
	主板市场	中小板市场	创业板市场
Media	-0.020 (-1.973)**	-0.018 (-2.582)***	-0.015 (-1.631)
Size	0.127 (0.561)	0.278 (0.609)	-0.457 (-0.717)
ROA	0.364 (0.092)	-3.713 (-0.618)	7.638 (0.804)
LEV	-1.757 (-1.368)	2.606 (1.242)	3.144 (1.145)
Ind	0.713 (1.729)*	-0.966 (-1.601)	0.312 (0.312)
Sup	0.275 (1.181)	-0.235 (-0.409)	0.542 (0.675)
Dual	-0.050 (-0.085)	-0.605 (-1.022)	0.373 (0.466)
ZH	0.105 (0.292)	-0.200 (-0.283)	-0.337 (-0.400)
Top1	0.006 (0.252)	0.0149 (0.361)	-0.029 (-0.468)
Growth	-0.590 (-2.877)***	-1.868 (-4.327)***	-3.322 (-3.992)***
AH	-1.621 (-1.779)*	—	—
Turnover	0.187 (0.896)	0.134 (0.434)	-1.451 (-2.251)**
FG	0.320 (2.433)**	-0.449 (-1.967)**	-0.887 (-3.252)***

续表

变量	Model 1	Model 2	Model 3
	主板市场	中小板市场	创业板市场
State	-0.904 (-1.702)*	-0.477 (-0.451)	3.085 (1.634)
Year FE	Yes	Yes	Yes
Industry FE	Yes	Yes	Yes
Constant	-7.144 (-1.367)	19.88 (0.006)	29.93 (0.014)
Pseudo R^2	0.283	0.372	0.575
样本量	147	118	107

注：Model 2、Model 3 删除控制变量 AH，因为控股股东违规减持和未违规减持的样本数据所在的上市公司均仅在 A 股上市；Model 2 中，行业 3、4、6 虚拟变量被 Stata 各删除 1 个、2 个、2 个样本，所以从 112 个样本减少到 107 个样本；括号内为 T 值，*、** 和 *** 分别表示在 10%、5%和 1%的水平上显著。

第五节 稳健性检验

本章主要利用延长窗口期的方法，将媒体日常监管时间从 180 天延长为 360 天，检验在大股东减持前一年内媒体日常监督所起到的作用，还剔除了 2015 年股灾样本对媒体关注与大股东违规减持的影响，做了稳健性检验。

一、延长窗口期检验媒体关注与大股东违规减持

如表 6-11 所示，IR 与 Media 之间的回归系数分别为-0.013、-0.015、-0.014 和-0.015，且 T 值分别为-5.022、-5.091、-5.120 和-4.586，都在 1%置信水平上呈显著负相关，说明将媒体日常监督时间延长为 360 天后，依旧对上市公司大股东违规减持行为有约束作用，结论进一步验证了 H6-1 成立。

表 6-11　媒体关注度与大股东是否违规减持

变量	Model 1 仅引入媒体关注度	Model 2 加入相关财务控制变量	Model 3 加入公司内部治理指标控制变量	Model 4 全控制变量
Media	-0.013 (-5.022)***	-0.015 (-5.091)***	-0.014 (-5.120)***	-0.015 (-4.586)***
Size	—	0.174 (1.326)	—	0.149 (0.914)
ROA	—	-0.293 (-0.138)	—	-1.633 (-0.733)
LEV	—	0.069 (0.099)	—	0.364 (0.444)
Ind	—	—	0.216 (0.970)	0.302 (1.107)
Sup	—	—	0.040 (0.258)	0.091 (0.480)
Dual	—	—	0.320 (1.272)	-0.125 (-0.420)
ZH	—	—	0.138 (0.679)	0.086 (0.354)
Top1	—	—	0.006 (0.451)	0.010 (0.629)
Growth	—	—	—	-1.092 (-6.602)***
AH	—	—	—	-1.243 (-1.408)
Turnover	—	—	—	-0.097 (-0.694)
FG	—	—	—	-0.072 (-0.918)
State	—	—	—	-0.932 (-2.344)**
Year FE	Yes	Yes	Yes	Yes
Industry FE	Yes	Yes	Yes	Yes
Constant	14.33 (0.011)	9.359 (0.014)	11.47 (0.017)	-1.990 (-0.555)

续表

变量	Model 1	Model 2	Model 3	Model 4
	仅引入媒体关注度	加入相关财务控制变量	加入公司内部治理指标控制变量	全控制变量
Pseudo R^2	0.164	0.169	0.181	0.323
样本量	382	382	382	382

注：括号内为T值，*、** 和 *** 分别表示在10%、5%和1%的水平上显著。

二、延长窗口期的媒体关注与不同大股东的违规减持

表6–12显示的是媒体监督对上市公司控股股东和非控股股东违规减持的监督作用是否有差异。在控股股东减持的公司里，媒体关注度与其是否违规减持在5%水平上呈显著负相关（系数为–0.023，T值为–2.525）；在非控股股东减持的公司里，媒体关注度与其是否违规减持在1%水平上呈显著负相关关系（系数为–0.013，T值为–2.634）。但是非控股股东的相关性要显著于控股股东。通过组间系数差异检验，发现媒体对控股股东与非控股股东是否违规减持行为的影响有差异但不显著（P=0.153，在此未列示检验结果）。Model 3中交互项（Ctrholder × Media）一点都不显著（回归系数为0.003，T值为0.485）。回归结果表明，与控股股东减持的上市公司相比，媒体关注度对非控股股东违规减持的监督作用更明显，该结论与前面分析保持一致，进一步验证了H6–2成立。

表6–12　媒体关注度与不同大股东的违规减持

变量	Model 1	Model 2	Model 3
	控股股东	非控股股东	加入交互项
Media	–0.023 (–2.525)**	–0.013 (–2.634)***	–0.016 (–4.176)***
Ctrholder	—	—	–0.181 (–0.408)
Ctrholder × Media	—	—	0.003 (0.485)

续表

变量	Model 1	Model 2	Model 3
	控股股东	非控股股东	加入交互项
Size	0.960 (1.973)**	0.004 (0.019)	0.145 (0.877)
ROA	−1.246 (−0.278)	0.112 (0.051)	−1.743 (−0.762)
LEV	−0.885 (−0.464)	0.859 (0.908)	0.324 (0.397)
Ind	0.362 (0.524)	0.085 (0.299)	0.294 (1.076)
Sup	0.326 (0.749)	−0.030 (−0.130)	0.103 (0.547)
Dual	0.312 (0.472)	−0.408 (−1.195)	−0.130 (−0.438)
ZH	0.124 (0.201)	0.003 (0.009)	0.103 (0.414)
Top1	−0.005 (−0.156)	0.013 (0.624)	0.011 (0.657)
Growth	−1.491 (−3.782)***	−0.969 (−5.086)***	−1.087 (−6.540)***
AH	—	−0.762 (−0.702)	−1.291 (−1.455)
Turnover	0.034 (0.110)	−0.108 (−0.653)	−0.095 (−0.674)
FG	−0.375 (−1.578)	−0.111 (−1.253)	−0.070 (−0.872)
State	−2.247 (−2.385)**	−0.519 (−1.133)	−0.933 (−2.340)**
Year FE	Yes	Yes	Yes
Industry FE	Yes	Yes	Yes
Constant	−15.56 (−1.644)	13.24 (0.011)	−2.478 (−0.689)
Pseudo R^2	0.475	0.282	0.323
样本量	122	254	382

注：Model 1 的控制变量 AH 被 Stata 删除 6 个样本，所以 Model 1 样本量从 128 个减少到 122 个；括号内为 T 值，*、** 和 *** 分别表示在 10%、5%和 1%的水平上显著。

三、延长窗口期的媒体关注在多层次市场中的作用

表 6-13 显示的是媒体监督对不同板块上市公司大股东是否违规减持的影响的回归结果。Model 1 为主板市场数据，Media 的回归系数为-0.022，T 值为-2.804；Model 2 为中小板市场数据，Media 的回归系数为-0.030，T 值为-3.265，说明在主板市场和中小板市场，媒体的日常监督对大股东违规减持都具有显著的抑制作用，结论与前面一致。Model 3 为创业板数据，Media 的回归系数为-0.023，T 值为-2.337，在 5%置信水平上呈负相关，结果与前面不一致。可能的原因为：创业板投资风险高、收益高和回报周期长的特征使得大股东有更强烈的动机和合理化解释进行违规减持，加上创业板公司治理机制不健全，给大股东违规行为提供了机会，因为在内部治理机制配合下外部监督机制才能充分发挥作用。

表 6-13 媒体关注与不同板块上市公司大股东违规减持

变量	Model 1	Model 2	Model 3
	主板市场	中小板市场	创业板市场
Media	-0.022 (-2.804)***	-0.030 (-3.265)***	-0.023 (-2.337)**
Size	0.182 (0.789)	0.661 (1.137)	-0.342 (-0.510)
ROA	-1.728 (-0.371)	-8.603 (-1.078)	2.999 (0.290)
LEV	-1.492 (-1.126)	2.321 (0.955)	3.771 (1.319)
Ind	0.778 (1.843)*	-0.365 (-0.532)	0.959 (0.828)
Sup	0.252 (1.077)	0.241 (0.358)	0.361 (0.457)
Dual	-0.082 (-0.138)	-0.101 (-0.154)	0.573 (0.681)

续表

变量	Model 1	Model 2	Model 3
	主板市场	中小板市场	创业板市场
ZH	0.144 (0.392)	−0.152 (−0.193)	−0.513 (−0.583)
Top1	0.007 (0.301)	0.019 (0.411)	−0.029 (−0.446)
Growth	−0.534 (−2.534)**	−2.091 (−4.093)***	−3.530 (−3.873)***
AH	−1.658 (−1.773)*	—	—
Turnover	0.175 (0.812)	0.110 (0.309)	−1.716 (−2.414)**
FG	0.299 (2.227)**	−0.323 (−1.290)	−0.949 (−3.153)***
State	−0.991 (−1.787)*	−0.561 (−0.461)	3.556 (1.702)*
Year FE	Yes	Yes	Yes
Industry FE	Yes	Yes	Yes
Constant	−7.296 (−1.361)	5.309 (0.002)	28.44 (0.010)
Pseudo R^2	0.318	0.501	0.610
样本量	147	123	107

注：Model 2、Model 3 删除控制变量 AH，因为控股股东违规减持和未违规减持的样本数据所在的上市公司均仅在 A 股上市；Model 2 中，行业 3、4、6 虚拟变量被 Stata 各删除 1 个、2 个、2 个样本，所以样本量从 112 个减少到 107 个；括号内为 T 值，*、** 和 *** 分别表示在 10%、5%和 1%的水平上显著。

四、剔除 2015 年样本检验媒体关注与大股东违规减持

2015 年股灾对大股东减持存在诸多干扰，因此，需要剔除 2015 年样本数据进行稳健性检验。用最近邻匹配方法将样本按 1∶1 和 1∶2 的标准进行匹配，剔除后的违规减持和正常减持样本量分别为 280 和 420，同样

利用模型（6-1）进行 Logit 回归，分析媒体关注度对大股东违规减持的影响。结果如表 6-14 所示，Model 1 和 Model 3 为单变量回归结果，媒体关注与大股东违规减持在 1%置信水平上呈显著负相关；Model 2 和 Model 4 中加入了控制变量，在排除其他因素影响后，媒体关注与大股东违规减持在 1%置信水平下呈显著负相关。再次验证了 H6-1，说明前面的研究结果具有稳健性。

表 6-14 媒体关注度对大股东是否违规减持的影响（剔除 2015 年样本）

变量	1：1 匹配标准		1：2 匹配标准	
	Model 1	Model 2	Model 3	Model 4
Media	-0.011 (-3.153)***	-0.008 (-1.843)*	-0.009 (-3.465)***	-0.008 (-3.076)***
Size	—	0.459 (0.954)	—	-0.082 (-0.622)
ROA	—	-0.006 (-1.254)	—	-0.211 (-0.116)
LEV	—	0.124 (0.693)	—	-0.430 (-0.594)
Ind	—	-0.637 (-0.354)	—	0.571 (2.246)**
Sup	—	-0.558 (-0.624)	—	-0.004 (-0.021)
Dual	—	0.318 (1.001)	—	0.205 (0.833)
ZH	—	0.085 (0.377)	—	0.288 (1.324)
Top1	—	-0.153 (-0.449)	—	0.010 (0.630)
Growth	—	-0.231 (-0.784)	—	-0.586 (-3.924)***
AH	—	-0.015 (-0.719)	—	-1.498 (-1.236)
Turnover	—	-1.327 (-6.363)***	—	-0.076 (-0.657)

续表

变量	1：1 匹配标准		1：2 匹配标准	
	Model 1	Model 2	Model 3	Model 4
FG	—	-0.903 (-0.725)	—	-0.091 (-1.311)
State	—	-0.124 (-0.801)	—	0.976 (2.628)***
Year FE	Yes	Yes	Yes	Yes
Industry FE	Yes	Yes	Yes	Yes
Constant	15.22 (0.020)	12.10 (0.022)	14.38 (0.015)	13.70 (0.019)
Pseudo R^2	0.086	0.280	0.071	0.134
样本量	280	280	420	420

注：括号内为 T 值，*、** 和 *** 分别表示在 1%、5%和 10%的水平上显著。

第六节　本章小结

本章研究了媒体日常监督对上市公司大股东减持的影响，同时还深入分析了媒体日常监督对控股股东与非控股股东减持影响的差异，以及对不同板块市场上大股东减持行为的影响。研究发现：第一，媒体关注度与大股东是否违规减持呈显著负相关，这说明媒体对大股东违规减持的日常监督效果显著，公司受到的媒体关注度越高，大股东会权衡公司和个人的利益，越不倾向触碰法律底线，做出违规减持行为。第二，与控股股东相比，媒体关注度越高，日常监督越强，非控股股东越不倾向于违规减持。这说明控股股东违规减持的收益大于其违规成本，媒体报道曝光之后所产生的声誉成本相对所带来的收益较低。第三，对三大板块中的上市公司，媒体关注对主板和中小板上市公司大股东违规减持的监督效果更明显，对创业板公司大股东违规减持的监督效果较弱。

本章为规范大股东违规减持行为提供了新思路，通过加强媒体的日常监督作用，能够有效降低违规减持倾向，使大股东减持行为更加规范。媒体不仅要起到监督治理作用，同时要向大股东传递建立长期利益的价值观，从而促进股票市场稳定发展。媒体也应向中小投资者传递正确的减持观，正确看待大股东合理减持，从而使中国股票市场繁荣发展。目前，对于违规减持的处罚力度是否需要加大尚待商榷，但可以通过完善信用体系来限制信用较低的大股东进行减持，如将公司信誉问题与融资机制相结合，以此来应对公司刚得到融资款，大股东就大量减持的行为。同时，可将媒体监督与法律约束相联系，两者相互补充，促进外部监督机制及时有效发挥作用。

第七章 “减持规定”与大股东违规减持

与成熟的资本市场相比，中国限售股数量庞大，其来源包括股权分置限售股份、首次公开发行原股东限售股份、定向增发机构配售股份及股权激励限售股份等。因此，一旦这些限售股达到了解禁条件，市场便要承受股东减持的压力，自 2007 年股权分置改革基本完成，种种因素导致我国证券市场大股东减持热潮持续升温。特别是作为原始股东的大股东，初始持有成本较低，套现欲望强烈，有时候甚至不惜砸盘卖出。2015 年股灾的发生致使市场投资信心不足，在满足解禁条件的情况下，原本持有非流通股的大股东将其所持有的全部或部分股份在二级市场上进行转让。近几年，不仅大股东减持的上市公司数量越来越多，而且减持规模越来越大，减持频率越来越高，仅 2015 年 A 股上市公司大股东减持 1322 次，累计减持金额高达 4566 亿元，创下历史新高，引起市场巨大震动。而 2016 年 A 股上市公司大股东减持 941 次，累计减持 3609 亿元，超过同期首次公开发行 1600 亿元的融资规模。非流通股的解禁，为大股东减持套现提供了机会，改变了他们的获利方式。一些自利的大股东，由此萌生了违规减持动机，他们的掏空方式从侵占公司内部资产转向在资本市场进行投机交易，严重影响了资本市场的健康发展。

上市公司股份减持制度是资本市场重要的基础性制度。良好的减持制度对于改善上市公司治理、维护二级市场稳定、保护投资者合法权益具有十分重要的作用。近年来，为规范大股东减持行为，市场监管部门不断探索，出台了一系列规章制度，以期在制度层面阻断大股东利用违规减持获利的通道。目前，针对控股股东、持股5%以上股东及董事、监事、高级管理人员减持公司股份的行为，《公司法》《证券法》对转让时间和转让份额做了相关规定，证监会于2008年4月20日以及2014年11月23日分别颁布《上市公司解除限售存量股份转让指导意见》《上市公司收购管理办法》，从减持比例、数量以及时间方面对大股东减持做出了制度安排，并强化了减持必须向公众披露信息的义务。2015年股灾，导致股市出现非理性下跌，大股东减持行为对此起到了推波助澜的作用。就此情况，2015年7月8日证监会发布了“18号文”，明令禁止大股东及董监高自公告日起6个月内实施减持股份的行为。2016年1月9日，证监会颁布了《上市公司大股东、董监高减持股份的若干规定》（以下简称“旧规”），从减持禁止情形、信息披露要求、减持额度、责任规定等多角度对股东减持行为做出了规定。2017年5月26日，证监会出台的《上市公司股东、董监高减持股份的若干规定》（以下简称“新规”）[①]，在“旧规”的基础上，完善了大宗交易“过桥减持”监管安排以及非公开发行股份解禁后的减持规范等。这些规章、规范性文件和证券交易所自律规则等一整套规章制度，初步确立了我国以锁定期安排和后续减持比例限制、信息披露要求为基础的减持制度。然而，随着市场的不断变化，现行减持制度的问题逐渐暴露。在证监会严厉打击“过桥减持”的影响下，大股东减持市值和减持股数都有所下降，但不少大股东转而采用五花八门的减持方式以规避监管规定。诸如掌趣科技的“存量定增”、东方园林的“精准减持到4.99%”、安居宝的“兜底式增持后减持”、大华股份的“利用员工持股计划减持”、梅轮电梯“离婚式”减持。大股东“清仓式减持”极大威胁到上市公司持续经营能力，让实体公司沦为“无本之木”，不但严重影响中小股东对二级市场的投资信心，而且使实体经济面临流动性风险，损害了中小投资者利益。

大股东之所以能够通过减持股票的方式侵占中小股东利益，其根源在

---

① “旧规”和“新规”统称为“减持规定”。

于规范大股东减持的法律法规不完善。然而，综观当前学术界关于大股东减持问题的研究，主要从大股东减持动机（黄志忠等，2009）、减持对公司盈余影响（蔡宁、魏明海，2009）、减持后的市场反应（朱茶芬等，2011）等方面展开，鲜有讨论监管法规对大股东减持行为应如何“规范”以及“规范”效果方面的文献。基于此，为了验证减持规定的实施效果，本章研究了“减持规定”颁布前后大股东违规减持行为发生的次数、比例和数量的变化，以探讨监管法规的颁布对大股东减持行为的规范作用。实证分析表明，“减持规定”对大股东违规减持的比例和数量有显著的抑制作用，但没有降低违规减持发生的次数；“减持规定”对非控股大股东违规减持比例和数量有显著的约束作用，但没能有效降低控股大股东违规减持的比例和数量；“减持规定”能大大降低中小板公司的大股东违规减持的比例和数量，但在主板和创业板公司未能发挥积极的作用。进一步研究发现，只有微弱的证据表明 2017 年“新规”比 2016 年“旧规”效果更好。

本章可能的贡献在于：第一，已有文献主要研究大股东减持动机和时机选择等，本章则主要讨论“减持规定”对大股东违规减持[①] 的政策效果；第二，已有研究主要从理论上分析大股东减持行为，本章利用实证研究方法，从大股东违规减持次数、比例和数量三个维度检验了我国现行“减持规定”在实践中的作用效果；第三，本章从多个角度深入分析“减持规定”的效果，不仅从时间角度对比分析了 2017 年“新规”与 2016 年“旧规”的政策效果，还从大股东特征深入讨论了“减持规定”对控股大股东和非控股大股东违规减持行为的约束作用，以及从市场特征深入剖析“减持规定”在主板市场、中小板市场和创业板市场发挥作用的差异。研

① 本章的违规减持行为指大股东减持受到证券交易所或证监会通告、处罚的行为，以及收到监管函、警示函及处罚公告的行为。主要表现为：一是未能按规定减持，例如，违反关于减持价格的相关承诺，减持规模超出规定，在禁止减持期间进行减持；二是在减持股票事实发生前后未按规定履行相关义务，如没有按规定进行信息披露；三是涉嫌操纵股票市场或虚假信息披露，营造公司经营良好的假象，待股价拉高后再进行减持套现；四是涉嫌内幕交易，如在利空消息发布前减持。

究结果可以为进一步完善现有“减持规定”提供经验证据。

第一节　制度背景与文献综述

一、“减持规定”颁布的制度背景

我国涉及大股东减持股份的相关条文，分散在不同的规范文件中，主要有：第一层级为法律层面，即《公司法》《证券法》。第二层级以中国证监会制订的部门规章及规范性文件为主，即 2014 年的《上市公司收购管理办法》，2015 年的“18 号文”，2016 年的《上市公司大股东、董监高减持股份的若干规定》《关于进一步推进新股发行体制改革的意见》《上市公司信息披露管理办法》，2017 年 5 月 26 日的《上市公司股东、董监高减持股份的若干规定》等规定。第三层级主要以上海证券交易所、深圳证券交易所制定的规范性文件为主，有相关规则、业务备忘录及相关指引性文件，如《关于落实〈上市公司大股东、董监高减持股份的若干规定〉相关事项的通知》《上海证券交易所上市公司控股股东、实际控制人行为指引》《上市公司股东减持股份计划/计划实施情况公告》《深圳证券交易所创业板股票上市规则》《深圳证券交易所创业板上市公司规范运作指引》等。这些条文中对大股东减持股份行为最具有针对性的是证监会 2016 年和 2017 年颁布的“减持规定”。

上市公司股份减持制度是资本市场重要的基础性制度，对于改善上市公司治理、维护二级市场稳定、保护投资者特别是中小投资者合法权益具有十分重要的作用。自 2005 年中国证监会发布《关于上市公司股权分置改革的指导意见》开始，中国股市便朝着全流通时代迈进。非流通股的解禁，为大股东减持提供了机会，改变了他们的获利机制。一些自利的大股东萌生了违规减持动机，他们的“掏空”方式从侵占公司内部资产转向资本市场的投机交易，影响了资本市场健康发展。为规范大股东违规减持行为，市场监管部门不断探索，出台了一系列规章制度，以期在制度层面阻断大股东利用违规减持获利的通道。目前，针对控股股东、持股5%以上股东及董事、监事、高级管理人员减持公司股份的行为，《公司法》和《证券法》对转让时间和份额做出了相关规定，证监会在2008年4月20日和2014年11月23日分别颁布《上市公司解除限售存量股份转让指导意见》和《上市公司收购管理办法》，从减持比例、数量以及时间方面对大股东减持做出了制度安排，并强化了减持必须向公众披露信息的义务。而2015年股灾导致股市出现非理性下跌，大股东减持行为对此起到了推波助澜的作用，引起市场的巨大波动，极大伤害了投资者的信心。见此情况，证监会在2015年7月8日发布“18号文”，明令禁止大股东及董监高自公告日起6个月内实施减持股份的行为。这也是证监会发布的第一份专门针对大股东减持行为的公告，使市场对大股东减持行为有了更多关注。6个月禁令到期后的2016年1月7日，证监会发布“旧规”，规定上市公司大股东在3个月内通过证券交易所集中竞价交易减持股份总数不得超过公司股份总数的1%，保证了减持制度的连续性，同时在减持比例和减持时间上做出了更为严格的要求。2017年5月26日，证监会发布“新规”(证监会公告〔2017〕9号)，同时废除了2016年的“旧规”。

这些规章、规范性文件和证券交易所自律规则等在内的一整套规章体系，初步确立了我国以锁定期安排和后续减持比例限制、信息披露要求为基础的减持制度。在有关各方共同努力下，现行减持制度在稳定市场秩序，引导上市公司股东规范、理性、有序减持等方面发挥了积极作用。然而，随着市场的不断变化，现行减持制度的问题逐渐暴露，日益突出。一些上市公司股东和相关主体利用“高送转”推高股价配合减持以及大宗交易规则空白过桥减持等行为，引发市场的强烈反应。这些无序减持、违规减持等不但严重影响中小股东对公司经营的预期，也对二级市场尤其是投资者信心造成了非常负面的影响。同时，产业资本的大规模减持会给整个宏观经济带来危害，使实体经济面临流动性风险。

二、文献综述

（一）大股东减持行为

1. 大股东减持动机

大股东减持股份的动机主要有四个：一是流动性和套现的需要。大股东可能由于资金周转、新项目投入、战略调整等因素有现金流需求，但是短期内不能通过再融资手段筹集到资金，因此，会进行相应的股份减持行为（黄志忠等，2009；曹国华、杜晶，2011）。二是在信息不对称情况下内部控制人采取机会主义的行为动机。正如 Cohen 等（2012）认为，只有存在投机交易动机时才能获得超额收益，一些大股东为了获得超额收益而不择手段进行投机减持。这种机会主义动机的原因主要有：公司股票估值过高且业绩水平较低，股票价值远高于公司价值，持有股票存在较大投资风险（黄志忠等，2009）。其中，最主要的原因是内部大股东利用信息优势获取超额收益（Agrawal and Cooper，2015）和高价套现获取资本利差的投机性动机（Lee and Piqueira，2019），以期尽可能降低发生的掏空成本（曹国华、杜晶，2011）。三是出于公司盈余管理的需要。2005 年国家开始进行股权分置改革后，我国证券市场上市公司进行正向盈余管理的行为明显增多，主要是一些大股东为了配合减持股份目的而进行的正向盈余管理。因此，与没有发生大小非减持公司相比较，发生大小非减持公司的正向盈余管理特别显著（李宁、刘玉红，2009）。蔡宁和魏明海也认为非流通股解禁或减持前公司可操控性应计显著为正，而且股票减持规模与盈余管理正相关，盈余管理程度与对应时期公司股票的市场表现正相关，即减持期间股票的市场收益显著高于市场整体水平（蔡宁、魏明海，2009）。四是公司治理结构的需要。大股东通过抛售股票，增加股市交易量，可以达到稀释股权、降低控制成本的目的（Hellstrom et al.，2009）。

2. 大股东减持时机

大股东在减持中表现出精准的时机选择能力，并获利丰厚（朱茶芬等，2011）。大股东凭借其天然的信息优势，在上市公司年度业绩预告首次披露到修正的时间段内完成减持，即先发布能够刺激股价上涨的诸如业绩预期大幅提升之类的利好信息，然后在股价上涨过程中逐步完成减持，或者在利空消息发布之前提前减持，实施精准减持。大股东主要通过盈余管理（李宁、刘玉红，2009）、高送转政策（谢德仁等，2016）、定向增发以及策略性股票更名（郑志刚等，2018）等方式拉升股价，缔造减持时机。最典型的是通过向上盈余管理的方式，粉饰公司业绩，使股价上升，从而达到高位减持套现的目的。公司盈余管理的程度越高，大股东减持的力度越大（李宁、刘玉红，2009），但朱朝晖和张亚妮（2014）发现这种基于盈余管理创造减持良机的行为只发生在熊市。此外，一些大股东还采用“高送转”策略制造减持时机，通过“高送转”假象向市场释放利好消息拉升股价，从而提高减持收益（谢德仁等，2016）。大股东利用各种手段高位减持以获取丰厚私利，从侧面反映了我国现有监管政策存在不少疏漏。

3. 大股东减持方式

据本章统计分析发现（见表 7-5），“减持规定”出台前，大股东无论是正常减持还是违规减持，均以大宗交易方式为主，“减持规定”出台后，为了规避“减持规定”的限制，大股东减持方式呈现出以协议转让、集中竞价、大宗交易方式并行的“多管齐下”特征。具体来说，正常减持以大宗交易为主，违规减持以集中竞价为主。同时，一些上市公司为规避“减持规定”，减持方式诡异多端，例如，采用高送转、战略调整、降比减持（即大股东将拟减持股份降至 5%以下）等，由此规避减持方式、信息披露等方面的强制性制度要求。上市公司大股东首先采用“策略”拉升股价实现高位减持套利，然后参与定向增发低价回购股权，或者是先低价参与定向增发，再在股价逢高时进行减持（邓鸣茂，2016）。一些公司以“高送转”为名实现减持套利（谢德仁等，2016），已有实证表明存在“高送转”

的公司的减持比例更高（蔡海静等，2017）。还有一些公司打着战略转型的幌子，采用策略性股票更名的举措实现高价减持套现（郑志刚等，2018）。此外，为规避“减持规定”带来的时间限制，通过锁定风险和以收益为目的的所谓金融创新成为减持的新手段，这为现有规则下的大宗交易提供了延续原有路径的可能性。

（二）大股东减持的影响因素及后果

1. 影响大股东减持的因素

从宏观层面看，减持总量主要受解禁政策、市场流动性、经济因素、法律环境和市场估值等因素影响。从公司个体层面看，大股东减持主要受产权性质、绩效水平、公司治理、控制权和市场时机等因素影响。控股股东现金流权水平与第一大股东减持呈显著正相关，但是控制权与现金流权分离度对第一大股东减持的影响不显著（张大勇、傅利平，2010）。相对于政府控股，私人控股时第一大股东更倾向于减持（曹国华、杜晶，2011）。地区法制水平与第一大股东减持比例呈显著的负相关（俞红海、徐龙炳，2010）。公司在整个市场中所处的估值水平越高，大股东减持数量越大；限售股解禁数量越多，大股东减持数量越多（蔡海静等，2017）。控股股东持股比例和前五大股东持股比例对大股东减持数量具有显著的正向影响（张大勇、傅利平，2010）。公司在实际经营业绩下滑的前提下，管理层动用盈余管理手段虚增利润，以配合大股东减持的现象，已成为我国资本市场的常态。而且通常在大股东减持之前，上市公司会进行正向盈余管理，以推高股价，达到高位减持目的（李宁、刘玉红，2009）。在大股东减持前 45 日内，上市公司自愿披露积极性业绩预告的概率显著更高；在减持年度内，积极的自愿性业绩预告的发布频率显著更高；大股东减持前管理层发布的自愿性积极业绩预告具有显著更高的超额回报（鲁桂华等，2017）。股票发行溢价越高，发起人股东越可能在股票上市流通后减持股份，而且，股东减持股票的决策具有“溢出效应”，发起人股东减持股票会促进非发起人股东减持股票（李翔等，2018）。

2. 大股东减持的后果

当前对大股东减持后果的研究主要集中在减持行为的市场反应方面。吴育辉和吴世农以我国深交所2007~2009年发生大股东减持的公司为样本，发现其在减持前30个交易日有显著的正累计超常收益，在减持事件发生后30个交易日出现显著的负累计超常收益（吴育辉、吴世农，2010）。朱茶芬等（2011）的研究也验证了大股东减持公告日前后公司股价的累计超额收益率呈现出先升后降的倒V形趋势，尤其是非国有公司大股东减持使投资者获得更低的异常收益（黄张凯等，2010）。Antoniadis等（2015）基于希腊市场的研究和Chauhan等（2016）对印度市场的研究均得出大股东减持后出现负的超额收益率的结论。创业板市场大股东的减持行为对资本市场有非常显著的负面影响，而且大股东减持比例越大，市场负面反应越强烈（于忠泊、杨星，2016）。大股东借助资本运作提高股价，通过高位减持获取高额收益，其经济后果是加剧了股价崩盘风险（张晓宇、徐龙炳，2017），甚至成为2015年股灾的推手（黎四奇，2016）。大股东减持引起股份崩盘的原因并不是隐藏了坏消息，而是减持加大了中小投资者对市场预期的不确定性，导致大股东与外部中小股东之间的利益冲突加剧（张晓宇、徐龙炳，2017）。大股东减持不仅影响市场反应，还会影响公司经营决策，降低公司投资效率，极大伤害实体经济（吴战篪、吴伟立，2018）。

（三）“减持规定”对大股东减持的影响

就美国资本市场而言，萨班斯法案（Sarbanes-Oxley Act，SOX）颁布后高级管理人员减持行为明显减少，表明法案的实施抑制了高管人员通过违规减持获利的动机和行为（Agrawal and Cooper，2015）。我国“减持规定”颁布前，上市公司大股东二级市场交易法规缺乏对大股东减持交易数量、交易时间、信息披露等方面的约束，大股东违规减持成本较低，导致减持行为频繁发生（吴敏晓，2012）。“减持规定”颁布后，已有文献聚焦减持“新规”对大宗交易的选股能力（唐齐鸣等，2018）、股价波动（章晟等，2019）和定期增发的市场反应（阮永平等，2018）等方面的研究，这些学者认为减持规定对资本市场已发挥了一定的积极作用。

第二节 研究假设

根据公司治理理论，股权的相对集中使大股东与中小股东之间的利益冲突问题突出。当股权向实际控制人单方向集中时，企业的大股东利用其控制权掌控股东大会，并通过对董事会、监事会以及管理者的任免而集控制权、执行权和监督权于一身，使自身行为凌驾于公司内部监督机制之上，从而实施违规减持套现，损害其他利益相关者的利益（吴育辉、吴世农，2010）。超额收益是大股东违规减持的最大诱因，加大对违规行为的惩处力度可以增加违规减持成本，从源头上抑制违规减持事件发生（秦军、居佳欢，2018）。因此，只有完善“减持规定”，提高违法成本，强化大股东减持的法律责任才能稳定市场和保护投资者（黎四奇，2016）。

一、“减持规定”的实施与大股东违规减持行为

投资者保护越弱，大股东越可能减持股份（黄志忠等，2009）；减持规范越不完善，大股东越有机会实施违规减持（郑佳宁，2016）。刘运国等（2017）从信息披露角度，结合 Fama 的有效市场假说和 Spench 的信号传递理论，运用事件研究法研究了市场对大股东违规减持信息披露的反应，结果表明市场对大股东违规减持信息是关注的，而投资者可能对预测性、指示性更强的信息反应更迅速。大股东频繁减持给证券市场带来利空信号，导致市场逐步走向低迷。为保障市场正常运行，重振投资者对证券市场的信心，防止过度减持就显得至关重要。当监管部门采取强监管策略时，大股东会选择合法减持（秦军、居佳欢，2018）。因此，制定法规明确了公司大股东减持时所必须履行的基本义务和法律责任，可以规范大股

东正常减持行为，防止大股东通过违规减持非法获利，从而减少市场波动，保护中小投资者的利益（郑佳宁，2016）。

为了强化中小投资者的保护力度，缓解大股东通过违规减持获取私利的局面，证监会在2016年、2017年相继颁布了“新规”“旧规”。“减持规定”自实施以来，对市场的稳定发展和实体经济的持续经营发挥了积极作用。“新规”的实施提高了大宗交易市场筛选股票的能力，但是没有改善公司盈利能力（唐齐鸣等，2018）。同时，“新规”出台对A股股价整体波动性有显著增强作用，但在不同市场其作用方向不同，在沪市，“新规”的实施对股价波动性有显著的正向推动作用；在深市，“新规”的实施对股价波动性有显著的抑制作用（章晟等，2019）。阮永平等通过事件研究考察了“新规”期间定向增发的市场反应，结果发现，“新规”使公司未来定向增发的不确定性提高，缓解了大股东利用定向增发手段构造减持机会的行为。同时，“新规”的颁布提升了定向增发的质量，增加了投资者对定向增发事项的认可程度（阮永平等，2018）。

以上的分析表明“减持规定”对证券市场发挥了一定的积极作用，因此，我们可以预期，“减持规定”的实施会抑制大股东违法减持行为，于是提出以下假设：

H7-1a：与“减持规定”实施前相比，“减持规定”实施后大股东违规减持次数有所减少。

H7-1b：与“减持规定”实施前相比，“减持规定”实施后大股东违规减持比例有所下降。

H7-1c：与“减持规定”实施前相比，“减持规定”实施后大股东违规减持数量有所减少。

二、“减持规定”的实施与不同控制权大股东的违规减持行为

由于控股股东比非控股股东更具有获取内部信息的地位优势，操纵信

息披露的能力也更强，为了攫取超额收益，一些控股股东采取违规手段进行减持，甚至不顾及法律和道德底线违规减持（吴育辉、吴民农，2010）。控股股东为了获取控制权和私人收益，常常利用内幕消息套取超额收益（俞红海、徐龙炳，2010）。已有实证结果也表明，控股大股东在减持过程中获取的股权转让溢价远远高于非控股大股东（刘亚莉、李静静，2010）。控股大股东和非控股大股东在公司中拥有不同的话语权，与非控股股东相比，控股股东持股比例较高，对公司重大决策起决定作用，如果没有完善的监督机制，控股股东会有更多的掏空机会（李姝等，2018）。而且，基于股权制衡理论，非控股大股东通常与控股股东形成股权制衡，起到监督控股股东的作用。因此，相比之下，非控股大股东违规减持的能力不是很强，更容易受到法规约束。

但从另一个角度，控股股东的违规减持更易受到法规约束。一方面，控股股东不会总是扮演着“掏空者”的角色。控股股东享受着股权带来的控制权的同时，被赋予了保护其他利益相关者利益的社会责任，相比非控股股东，他们的行为更可能受到监管者和其他利益相关者的监督和关注，因此，他们的行为更加谨慎，更可能遵守法律法规。另一方面，很多控股大股东是公司原始股东，对公司有较强的归属感和责任感，为了企业的生存和发展他们付出了很多努力也寄托着希望，企业成功与否与其自身声誉和前途高度相关。为了维持声誉和长远利益，这些控股股东更可能遵守规章制度，减少违规行为。相反，非控股股东对公司的归属感较弱，对公司的生存和发展缺乏责任感，可能会为了获取自身短期利益铤而走险、以身试法进行违规减持。

基于以上分析，本章提出以下假设：

H7-2a：与非控股股东相比，“减持规定”更可能约束控股股东的违规减持行为。

H7-2b：与非控股股东相比，“减持规定”更不可能约束控股股东的违规减持行为。

三、“减持规定”的实施与不同层次市场中大股东违规减持行为

多样化的投资和融资需求决定了我国多层次资本市场的特征。从 IPO 制度来看，主板市场对发行人营业期限、股本大小、盈利水平、最低市值等方面要求较高，在主板上市的公司多为大型成熟企业，具有较大的资本规模以及稳定的盈利能力。相对来讲，中小板专为中小企业上市融资提供服务，是创业板的一种过渡，对发行人各方面要求都要低一些。创业板市场在准入条件、公司治理和信息披露制度方面的要求都低于主板市场，并且创业板的各项财务要求也更为宽松。创业板上市公司由高成长性的高科技企业构成，以高发行价、高市盈率、高投机性和股价高波动性为特征的创业板公司大股东减持以 IPO 前的原始股份和控股股东减持为主（于忠泊、杨星，2016）。从治理机制来看，因为外部法规监督作用的发挥需要内部治理机制相配合才能实现。主板市场诞生最早，经历了近 30 年的发展，逐渐趋于成熟，公司治理机制相对健全。中小板也走过了 15 年的风雨之路，公司治理机制比较完善。创业板是最年轻的，创建时间刚刚超过 10 年，各方面机制都不够健全。从其他特征来看，主板公司是资本市场最重要的组成部分，素有“国民经济晴雨表”之称，而且很多是国有公司，担负了更多社会责任和经济发展责任，备受投资者和监管者关注。处于成长期的中小板公司多为新兴企业，是创业板公司的前奏，为了能完成其历史使命——成长为创业板公司，更可能遵守法律法规要求。然而，创业板公司普遍存在高溢价发行的现象，高发行价产生了反作用，熄灭了大股东推动公司持续发展的热情，点燃了大股东减持的动机（陈维、吴世农，2013）。而且，高科技创新型创业板公司，其特点是高投资、高风险、高回报，但其产品回报周期长，牟取短期利益的大股东更可能进行违规减持。此外，绝大多数创业板公司上市前身是民营企业或家族企业，原有大股东往往是公司技术骨干或对该领域较为了解的内行人，这种特征加剧了

大小股东之间的信息不对称性，增加了大股东利用违规减持获取私人收益的机会。

综上所述，由于不同层次证券市场的准入机制、监管要求等方面存在差异，加上各板块治理机制完善程度和公司特征与使命不同，“减持规定”在不同板块可能发挥着不同的作用。因此，提出以下假设：

H7-3：“减持规定”对不同层次市场的公司大股东违规减持的约束力不同。

第三节　研究设计

一、模型构建

根据前面的研究假设，参考以往学者的研究方法（唐齐鸣等，2018；章晟等，2019；阮永平等，2018），设计相关研究变量，构建模型（7-1）以实证检验“减持规定”对大股东是否违规减持、违规减持比例和违规减持数量的影响：

$$IR \text{ or } Ratio \text{ or } Number = \beta_0 + \beta_1 ReRu + \beta_2 Size + \beta_3 LEV + \beta_4 Ind + \beta_5 Sup + \beta_6 Dual + \beta_7 Top1 + \beta_8 ZH + \beta_9 Insh + \beta_{10} ROA + \beta_{11} Growth + \beta_{12} Turnover + \beta_{13} State + \beta_{14} AH + \beta_{15} MarkDg + Year\&Industry + \varepsilon \quad (7-1)$$

基于以往学者的研究（唐齐鸣等，2018；章晟等，2019；阮永平等，2018），本章在控制变量中增加了反映公司财务状况和公司能力的相关指标，以控制公司财务和治理结构的不同对实证结果的干扰。其中，财务指标的公司规模（Size）用公司总资产的账面价值的自然对数来衡量，盈利能力（ROA）用资产收益率来衡量，偿债能力（LEV）用资产负债率来衡量，股票流通性强弱（Turnover）用总股数平均日换手率来衡量，公司成长性（Growth）用营业收入增长率来衡量。公司治理指标包括独立董事规模（Ind）、监事会规模（Sup）、两权合一（Dual）、股权制衡度（ZH）、是否交叉持股（AH），以控制公司内部治理能力的不同对回归分析结果的干扰。

二、变量定义

（1）被解释变量。是否违规减持（IR）、违规减持比例（Ratio）和违规减持数量（Number）。其中，是否违规减持为虚拟变量，有违规现象取1，否则为0；违规减持比例是指超过减持法规规定违规减持股数占公司总股本的比例：违规减持数量是指大股东违规减持转让所涉及的股份总数，取其自然对数。

（2）解释变量。是否颁布“减持规定”虚拟变量，颁布之后则取1，否则为0。即大股东减持事件如果发生在2016年前取0，包括2013年、2014年和2015年的样本，减持事件如果发生在2016年后取1，包括2016年、2017年和2018年的样本。

具体变量描述如表7-1所示。

表7-1 主要变量定义

变量类型	变量名称	变量符号	变量描述
被解释变量	是否违规减持	IR	违规减持取1，否则取0
	违规减持比例	Ratio	违规减持部分占总股本的比例
	违规减持数量	Number	违规减持股份数量的自然对数
解释变量	是否颁布“减持规定”	ReRu	虚拟变量，大股东违规减持事件是否在监管法规颁布之后，是为1，否为0
控制变量	公司规模	Size	公司总资产的账面价值的自然对数
	资产负债率	LEV	上市公司上年末负债总额与资产总额的比率
	独立董事规模	Ind	上市公司公布的独立董事人数
	监事会规模	Sup	监事会人数

续表

变量类型	变量名称	变量符号	变量描述
控制变量	两职合一	Dual	当公司董事长兼任总经理取值为1，否则取0
	第一大股东持股比例	Top1	第一大股东持股数量占总股本的比例
	股权制衡度	ZH	第二到第十大股东持股比例之和与第一大股东持股比例之比
	机构持股比例	Insh	机构投资者持股数量占公司总股本的比例
	资产收益率	ROA	上市公司上年末总资产收益率
	营业收入增长率	Growth	衡量公司业务的成长性
	换手率	Turnover	总股数平均日换手率
	是否为国有企业	State	虚拟变量，是取1，否取0，衡量公司的所有权性质
	是否在A加H股上市	AH	虚拟变量，当样本公司在A加H股上市时取1，否则为0
	樊纲指数	FG	反映市场化程度，2011~2014年数据摘自《中国市场化指数：各地区市场化相对进程》一书，2015~2017年的数据则根据2011~2014年数据进行指数拟合测算得出
	年度虚拟变量	Year	年度虚拟变量，控制不同年份宏观经济因素的影响，共5个年度虚拟变量
	行业虚拟变量	Industry	以证监会行业分类标准分为六大类

注：资产负债率、资产收益率、樊纲指数选取滞后一期的数据。

三、样本选择与数据来源

本章以“减持规定”实施前后各三年的数据为研究对象，即以2013~2018年沪深A股上市公司发生的大股东减持事件为初始研究样本，结合需要对样本进行了以下处理：本章所指大股东为每一家公司持有流通股股数占比5%及以上的股东，因此剔除了股东持股比例5%以下的样本；为尽可能消除大股东正常减持的影响，剔除减持股数占流通股数比例小于1%的样本；合并样本期间相同主体年度减持事件，即如果在研究年度一家上市公司有几次减持行为，将其合并为一个样本；剔除金融类和ST类公司。经过筛选处理后，用于多元回归分析的样本数为2430个。机构投资者持股数据来源于 Wind 数据库；大股东违规减持相关数据一部分来自百度新闻上证监会、深交所、沪交所发布的通报信息，用爬虫软件采集，另一部分来源于 CSMAR 数据库；其余数据均来源于 CSMAR 和 RESSET 数据库。利用 Stata16 进行数据筛选、计算以及统计分析。

第四节 实证结果与分析

一、描述性统计分析

（一）总样本的描述性分析

本章主要研究了法律法规颁布与大股东违规减持之间的关系。以证监会发布“减持规定”为事件发生的时间分界点，2016~2018 年为事件发生后，2013~2015 年为事件发生前。选择了大股东是否违规减持（IR）、大股东违规减持比例（Ratio）以及违规减持数量（Number）作为大股东违规减持的替代变量，另外还引入了资产规模（Size）、资产负债率（LEV）、机构持股比例（Insh）、樊纲指数（FG）等变量作为控制变量，相关变量的描述性统计分析如表 7-2 所示。

从表 7-2 和表 7-3 可知，在总体 2430 个减持样本中有 194 个违规减持样本，是否违规减持（IR）变量的均值为 0.080，即违规减持样本占总样本的比例为 8.0%，整体来看违规减持事件发生的概率很大。大股东减持股数占公司总股数比例最大值为 7.960%，其中违规减持占公司总股数比例的均值为 0.455%，最大值为 7.960%。大股东减持数量（Number）的均值为 3583 万股，最大值为 189976 万股，最小值为 0.265 万股，其中，违规减持数量均值为 903 万股，最大值为 41626 万股，最小值为 0.265 万股，说明不同公司大股东减持数量存在较大差异。在是否颁布“减持规定"(ReRu) 中，有 1017 个样本是颁布之后发生的减持事件，均值为 0.616，表明样本数据中大股东减持行为大部分发生在"减持规定"颁布之后。公司规模（Size）取对数后的最大值为 27.146，最小值为 18.287，标准差为 1.106，说明样本公司的资产规模差异很大。资产负债率（LEV）均值为 0.391，但最大值为 1.010，这说明绝大部分样本公司债务资产比处于合理水平，有较好的偿债能力，但也有资不抵债的公司。独立董事规模（Ind）最多的为一家公司 6 个，最少为 2 个。监事会规模（Sup）最多的为一家公司 9 个，最少为 2 个。第一大股东持股占公司总股比例（First）最大值为 89.400%，最小值为 5.000%，平均值为 33.400%，说明绝对控股股东占比不大。减持样本中有 966 个是控股股东减持，1464 个非控股股东减持。营业增长率（Growth）的最大值为 17.995，最小值为-0.999，说明不同样本公司间发展潜力区别很大。研究样本中有 507 个国有公司样本，1923 个非国有公司样本，说明经过一系列国有企业改革后国有控股公司数量远远少于非国有控股公司数量。此外，仅有 65 个样本公司在 A 股和 H 股市场交叉上市，说明样本公司绝大多数是在单一市场上市融资。樊纲指数（FG）最大值为 11.760，最小值为 0.060，标准差为 1.816，说明样本公司地区的市场化水平差异较大。

表 7-2 相关变量描述性统计

变量	样本量	均值	标准差	最小值	最大值
Ratio（总样本）	2430	0.083	0.321	0.00002	7.960
Num（总/万股）	2430	3583	9078	0.265	189976
Ratio	194	0.455	1.117	0.00002	7.960
Number	194	903	3291	0.265	41626
Size	2430	21.748	1.106	18.287	27.146
LEV	2430	0.391	0.213	0.008	1.010
Ind	2430	3.123	0.513	2	6
Sup	2430	3.386	0.912	2	9
Top1	2430	33.400	0.138	5.000	89.400

续表

变量	样本量	均值	标准差	最小值	最大值
ZH	2430	1.067	0.806	0.015	5.398
Insh	2430	0.248	0.222	0	0.921
ROA	2430	0.034	0.063	−0.523	0.590
Growth	2430	0.495	1.784	−0.999	17.995
Turnover	2430	1.794	1.230	0.086	8.260
FG	2430	8.357	1.816	0.060	11.760

表 7-3 虚拟变量描述性统计

变量	样本量	1 样本量	0 样本量	均值	中位数
IR	2430	194	2236	0.080	0
ReRu	2430	1017	1413	0.419	0
AH	2430	65	2365	0.027	0
Ctrholder	2430	966	1464	0.398	0
Dual	2430	809	1621	0.333	0
State	2430	507	1923	0.209	0

（二）样本年度分布情况

表 7-4 统计了“减持规定”颁布前后各三年的大股东减持情况。从表 7-4 可知，“减持规定”颁布前的 2013~2015 年，大股东正常减持和违规减持的公司数、减持比例和股数都在逐年增加。而自 2016 年“旧规”颁布到 2018 年，大股东正常减持和违规减持的公司数、减持比例和股数整体呈现明显的下降趋势。同时，违规减持的公司数、比例在 2015 年达到峰值，而正常减持比例在 2016 年达到顶峰。以 2016 年为分界点，大股东正常减持股份的比例呈 M 形，“减持规定”对大股东减持行为（无论是违规减持还是正常减持）有抑制作用。但在 2018 年正常减持和违规减持公司数均有小幅度上升，其原因可能在于经过两年的政策调整期，市场逐渐回归理性和正常状态。2016 年和 2017 年证监会对大股东减持行为进行规范之后，受证监会严厉打击“精准减持”和“过桥减持”的影响，减持市

值和减持股数都有所下降，但大股东也开始采取更多规避“新规”的方式，产生了诸如利用员工持股计划减持、“兜底式”增持后减持、“精准减持”至5%以下以及“离婚式”减持等新方式，例如，掌趣科技的“存量定增”、东方园林的“精准减持到4.99%”、安居宝的“兜底式增持后减持”、大华股份的“利用员工持股计划减持”、梅轮电梯“离婚式”减持。

表 7-4 大股东减持样本年度分布情况

年份	违规减持			正常减持			总样本	合计样本
	违规减持样本	违规减持比例占总股比例（%）	违规减持数（亿股）	正常减持样本	正常减持比例占总股比例（%）	正常减持数（亿股）	违规减持样本占总样本比例（%）	
2013	10	1.95	0.55	367	3.08	126.72	2.65	377
2014	24	1.82	1.97	444	3.91	172.64	5.13	468
2015	51	1.60	7.31	515	3.05	530.23	9.01	566
2016	46	1.71	4.72	356	7.36	319.93	11.44	402
2017	31	1.55	1.22	264	6.92	229.31	10.51	295
2018	32	1.55	1.76	290	6.20	216.29	9.94	322
合计	194	—	17.53	2236	—	1671.37	7.98	2430

（三）大股东违规减持方式

表7-5展示了2013~2018年度协议转让、集中竞价和大宗交易三种大股东主要减持方式的描述统计情况。一般来讲，集中竞价时间成本较高，需要预披露，大宗交易以获取短期价差为主，而协议转让则以长期持股居多。从表7-5可知，“减持规定”除了影响大股东是否违规减持外，还影响减持方式。具体来讲，减持方式由大宗交易向协议转让方式转变，尤其是“新规”颁布后，减持方式呈现集中竞价、大宗交易、协议转让“多管齐下”的特点。这一变化趋势表明，一方面，“减持规定”弥补了大宗交易制度的缺陷，减少了大股东减持的套利机会，在一定程度上限制了大股东违规减持行为，促使市场逐渐趋于稳定和理性。另一方面，通过大宗交易系统进行股份交易转让，违规行为更易被监管层识别和发现，而协议转

让方式涉及主体多，且多以非公开方式进行，给监管层的监管带来更大挑战。因此，减持方式的转变很可能表明大股东出于规避监管的动机，为违规减持另辟蹊径。

表 7-5 2013~2018 年大股东违规减持方式情况统计

年份	协议转让		集中竞价		大宗交易		合计	
	减持次数	股数（千万股）	减持次数	股数（千万股）	减持次数	股数（千万股）	减持次数	股数（千万股）
2013	0	0	4	3.07	6	2.42	10	5.49
2014	0	0	12	4.48	12	15.23	24	19.71
2015	1	3.62	21	9.70	29	59.75	51	73.07
2016	6	6.99	28	12.28	12	27.91	46	47.18
2017	2	0.59	21	6.18	8	5.38	31	12.15
2018	5	0.38	19	14.74	8	2.48	32	17.60
合计	14	11.58	105	50.45	75	113.17	194	175.20

二、相关性分析

模型中两两变量的相关分析如表 7-6 所示。从表 7-6 可以看出，在减持样本中解释变量是否颁布"减持规定"（ReRu）与大股东是否违规减持（IR）呈不显著正相关。监事会成员（Sup）、公司资产规模（Size）、公司成长性（Growth）、资产回报率（ROA）、第一大股东持股比例（Top1）、是否国有公司（State）、是否在其他市场上市（AH）等变量与是否违规减持（IR）呈负相关，表明企业经营绩效好或公司成长前景好的公司大股东更不会违规减持，国有公司中大股东违规减持行为比非国有公司少一些。换手率（Turnover）、机构投资者持股比例（INSH）与是否违规减持（IR）呈显著正相关，表明换手率高的公司中更可能存在股东违规减持行为，在大股东减持过程中持股比例较大的机构投资者可能与大股东合谋违规。其他变量之间的两两相关方向基本合乎常理，系数均在 0.55 以下。同时，利用自相关检验发现变量之间不存在"无序列自相关"情况。

表 7-6 变量相关性分析

	IR	ReRu	Size	LEV	Ind	Sup	Dual	Top1	ZH	Insh	ROA	Growth	Turnover	State	AH
IR	1	—	—	—	—	—	—	—	—	—	—	—	—	—	—
ReRu	0.085***	1	—	—	—	—	—	—	—	—	—	—	—	—	—
Size	-0.02	0.137***	1	—	—	—	—	—	—	—	—	—	—	—	—
LEV	0.023	-0.015	0.528***	1	—	—	—	—	—	—	—	—	—	—	—
Ind	0.0061	-0.007***	0.225***	0.170***	1	—	—	—	—	—	—	—	—	—	—
Sup	-0.018	-0.092***	0.221***	0.191***	0.234***	1	—	—	—	—	—	—	—	—	—
Dual	0.043**	0.071***	-0.128***	-0.120***	-0.112***	-0.118***	1	—	—	—	—	—	—	—	—
Top1	-0.036*	-0.150***	0.154***	0.054***	0.019	0.033*	0.011	1	—	—	—	—	—	—	—
ZH	0.029	0.127***	-0.077***	-0.133***	-0.015	-0.020	-0.009	-0.740***	1	—	—	—	—	—	—
INSH	0.036*	0.261***	0.203***	0.047**	0.037*	0.049	-0.008	0.100*	0.016	1	—	—	—	—	—
ROA	-0.005	0.007	-0.026	-0.345***	-0.021	-0.037*	0.036*	0.070***	0.054***	0.111***	1	—	—	—	—
Growth	0.006	-0.003	0.058***	0.116***	-0.010	-0.005	-0.028	-0.015	0.059***	0.025	0.026	1	—	—	—
Turnover	0.055***	0.260***	-0.234***	-0.012	-0.060***	-0.044	0.065***	-0.214***	-0.029	-0.160***	-0.165***	-0.010	1	—	—
State	-0.035	-0.078***	0.279***	0.304***	0.239***	0.378***	-0.231***	0.113***	-0.156***	0.128***	-0.127***	0.046	-0.033	1	—
AH	-0.030	0.009	0.184***	0.089***	0.059***	0.108***	-0.063***	0.011	0.017	0.036*	-0.032	0.034*	-0.042**	0.178***	1
FG	0.015	0.207***	-0.055***	-0.140***	-0.088***	-0.179***	0.088***	-0.023	0.082***	0.065***	0.087***	-0.018	-0.007	-0.189***	0.038*

注：*、**、*** 分别表示在 10%、5%、1%的水平上显著。

三、回归结果分析

（一）“减持规定”对大股东违规减持行为的影响

2016 年证监会开始颁布正式的“减持规定”，为了验证“减持规定”在实践中的政策效果，本章从大股东是否违规减持、违规减持比例和违规减持数量三个维度进行实证分析。以 2013~2018 年有减持行为的公司为研究样本，将 2013 年、2014 年和 2015 年的数据作为“减持规定”颁布前的样本，将 2016 年、2017 年和 2018 年的数据作为“减持规定”颁布后的样本。利用模型（7-1）对“减持规定”对大股东违规减持行为的影响进行回归分析。由于是否违规减持（IR）为 0、1 虚拟变量，因此对其进行 Logit 回归，违规减持比例（Ratio）以及违规减持数量（Number）为连续变量，则使用 OLS 回归，结果如表 7-7 所示。

表 7-7 中，列（1）是以所有发生大股东减持的样本为研究对象，考察“减持规定”颁布前后违规减持行为发生的情况。回归结果显示，“减持规定”颁布与大股东是否违规减持呈不显著正相关（回归系数为 11.720，T 值为 0.025），说明“减持规定”的实施对大股东违规减持行为没有发挥应有的约束作用，H7-1a 未得到验证。列（2）、列（3）是以发生了大股东违规减持的公司为研究样本，考察“减持规定”对违规减持比例和数量的影响。回归结果显示，“减持规定”的颁布与大股东违规减持比例在 1%水平上呈显著负相关（系数为-1.644，T 值为-5.549），“减持规定”与违规减持数量呈负相关，但不显著（系数为-0.980，T 值为-1.535）。这些结果说明，虽然“减持规定”没有减少大股东违规减持的次数，但大大降低了大股东违规减持的比例，并在一定程度上能够减少大股东违规减持的数量。回归结果验证了 H7-1b 和 H7-1c。

研究结果表明“减持规定”无法抑制大股东是否进行违规减持的决策，但有效约束了其违规减持比例和数量。可能原因是，“减持规定”主要约束了减持比例、“窗口期”内减持和信息披露等问题，没有触及违规减持问题的本质，没有严格禁止违规减持，造成一些大股东违背“减持规定”的本意而进行“精准减持”“变相减持”。同时，由于违规成本低，大股东通过积极的业绩预告吸引投资者，从而拉升股价创造减持机会，获得超额收益（鲁桂华等，2017）。这些原因均促使大股东违规减持事件屡次发生。

表 7-7 “减持规定”对大股东违规减持行为的影响

变量	(1)	(2)	(3)
	IR	Ratio	Number
ReRu	11.720 (0.025)	-1.644 (-5.549)***	-0.980 (-1.535)
Size	-0.278 (-2.948)***	-0.0218 (-0.290)	0.344 (2.120)**
LEV	0.301 (0.624)	0.259 (0.671)	0.286 (0.344)
Ind	0.121 (0.743)	-0.070 (-0.596)	-0.154 (-0.601)
Sup	-0.006 (-0.061)	-0.037 (-0.465)	-0.119 (-0.676)
Dual	0.320 (1.899)*	-0.133 (-0.987)	-0.493 (-1.696)*
Top1	-0.004 (-0.383)	0.001 (0.203)	-0.010 (-0.682)
ZH	0.077 (0.503)	0.032 (0.302)	-0.119 (-0.514)
INSH	0.575 (1.469)	0.315 (0.998)	0.197 (0.290)
ROA	0.965 (0.649)	0.551 (0.479)	-4.383 (-1.770)*
Growth	0.006 (0.151)	0.008 (0.212)	0.066 (0.814)
Turnover	0.021 (0.252)	-0.026 (-0.346)	-0.210 (-1.273)
State	-0.189 (-0.774)	0.051 (0.256)	-0.246 (-0.579)

续表

变量	(1)	(2)	(3)
	IR	Ratio	Number
AH	−1.443 (−1.833)*	−0.267 (−0.420)	0.806 (0.588)
FG	0.015 (0.323)	0.001 (0.017)	−0.071 (−0.798)
Year & Industry	Control	Control	Control
Constant	−9.389 (−0.020)	2.198 (1.269)	9.593 (2.571)**
样本量	2430	194	194
R^2	0.121	0.465	0.208

注：括号内为T值，*、** 和 *** 分别表示在 10%、5%和 1%的水平上显著。

（二）“减持规定”对不同股权性质大股东违规减持行为的影响

本章按减持发生的主体将样本分为控股股东减持和非控股股东减持两组。控股股东的定义参照证监会标准，是指持股占比大到足以影响公司日常经营运作和重大事情决策的股东，包括绝对控股股东（持股比例超过50%）和相对控股股东（持股比例低于 50%，但大于 30%）。持股比例 5%~30%的为非控股大股东。利用模型（7–1）对两组样本分别进行回归分析，其结果如表 7–8 所示。

表 7–8 中列（1）、列（2）、列（3）为“减持规定”的颁布对控股大股东违规减持影响的回归分析。结果显示，“减持规定”的颁布（ReRu）与控股大股东是否违规减持（IR）、违规减持比例（Ratio）和违规减持数量（Number）均呈负相关，但均不显著。表明“减持规定”对控股大股东违规减持行为的约束力很小，对控股股东违规减持行为、比例、数量的约束作用均不显著，其原因可能是控股股东具有控制权及信息优势，更有能力通过择机减持套利获取超额收益；而且，控股股东一般交易数量较大，其违规减持收益大于违规成本，他们愿意铤而走险。表 7–8 中列（4）、列（5）、列（6）为“减持规定”的颁布对非控股大股东违规减持的影响分析。

在非控股大股东减持样本中，“减持规定”的颁布（ReRu）与大股东是否违规减持（IR）呈显著正相关，但是“减持规定”的颁布（ReRu）与违规减持比例（Ratio）和违规减持数量（Number）均呈负相关，且在1%的水平上显著（回归系数分别为-0.847和-3.260，T值分别为-3.380和-4.037）。而且非控股大股东违规减持比例（Ratio）和违规减持数量（Number）的回归系数和T值明显大于控股大股东组对应值。由此，“减持规定”的实施虽然没有减少非控股大股东违规减持次数，但是能有效降低非控股大股东违规减持比例和数量。这一结果从侧面印证了大股东“精准减持”的现象，即非控股大股东存在精准减持行为。综合来看，减持规定更能抑制非控股大股东的违规减持程度。实证结果支持H7-2b。

表7-8 “减持规定”对不同股权性质大股东违规减持的影响

变量	控股大股东			非控股大股东		
	(1)	(2)	(3)	(4)	(5)	(6)
	IR	Ratio	Number	IR	Ratio	Number
ReRu	-0.459 (-0.391)	-0.396 (-0.286)	-0.485 (-0.349)	0.936 (1.766)*	-0.847 (-3.380)***	-3.260 (-4.037)***
Size	0.034 (0.162)	-0.224 (-0.681)	-0.164 (-0.494)	-0.281 (-2.574)**	-0.105 (-1.788)*	0.444 (2.357)**
LEV	0.016 (0.015)	-0.126 (-0.077)	1.482 (0.901)	0.355 (0.619)	0.804 (2.555)**	0.142 (0.140)
Ind	-0.053 (-0.157)	-0.434 (-1.044)	0.061 (0.148)	0.187 (0.963)	0.146 (1.567)	0.199 (0.660)
Sup	0.037 (0.173)	-0.240 (-0.867)	-0.115 (-0.414)	-0.017 (-0.151)	-0.036 (-0.561)	-0.239 (-1.154)
Dual	0.451 (1.391)	-0.415 (-1.061)	-0.316 (-0.804)	0.281 (1.375)	-0.121 (-1.100)	-0.693 (-1.957)*
Top1	0.001 (0.098)	-0.019 (-0.896)	0.036 (1.707)*	-0.005 (-0.431)	0.001 (0.140)	-0.052 (-2.623)*
ZH	0.513 (1.651)*	-0.003 (-0.008)	0.113 (0.277)	-0.173 (-0.875)	-0.037 (-0.447)	-0.449 (-1.651)
INSH	0.654 (0.826)	2.193 (2.015)*	0.736 (0.672)	0.347 (0.738)	-0.468 (-1.821)*	-0.504 (-0.609)

续表

变量	控股大股东			非控股大股东		
	(1)	(2)	(3)	(4)	(5)	(6)
	IR	Ratio	Number	IR	Ratio	Number
ROA	-1.857 (-0.831)	1.157 (0.480)	-2.260 (-0.931)	1.642 (0.909)	1.273 (0.995)	-5.216 (-1.266)
Growth	0.075 (0.703)	-0.131 (-0.382)	-0.228 (-0.661)	-0.006 (-0.126)	-0.002 (-0.080)	0.026 (0.319)
Turnover	0.074 (0.480)	0.001 (0.002)	-0.245 (-1.049)	0.042 (0.411)	-0.136 (-2.039)**	-0.421 (-1.963)*
State	-1.069 (-1.842)*	0.090 (0.118)	-0.068 (-0.089)	0.002 (0.007)	0.040 (0.269)	-0.299 (-0.615)
AH	—	—	—	-0.964 (-1.178)	-0.535 (-1.219)	0.169 (0.120)
FG	-0.016 (-0.175)	-0.024 (-0.170)	0.115 (0.784)	0.019 (0.348)	0.025 (0.779)	0.014 (0.135)
Year & Industry	Control	Control	Control	Control	Control	Control
Constant	-4.789 (-0.941)	7.408 (1.033)	16.98 (2.349)**	2.033 (0.810)	1.604 (1.192)	9.051 (2.089)**
样本量	891	56	56	1464	138	138
R^2	0.204	0.615	0.535	0.110	0.569	0.362

注：括号内为T值，*、** 和 *** 分别表示在10%、5%和1%的水平上显著。

（三）“减持规定”对不同板块大股东减持行为的影响

我国资本市场以多层次为特征，股票市场主要分为主板、中小板、创业板和三板市场。由于三板市场是“代办股份转让系统”，为退市后的上市公司股份等提供流通场所，本章没有包括三板市场的样本。本章将样本分为主板、中小板和创业板三大板块分别进行回归分析，以期通过对比“减持规定”的颁布对不同板块上市公司大股东违规减持行为影响的差异，来探析“减持规定”发挥政策效应是否受公司所处市场环境影响，为合理制定政策、促进资本市场良序发展提供经验证据。

本章以是否违规减持（IR）、违规减持比例（Ratio）以及违规减持数量（Number）作为被解释变量，利用模型（7-1）进行回归，其中，对是否违规减持（IR）进行 Logit 回归，而其余变量（Ratio、Number）则使用 OLS 回归，表 7-9 和表 7-10 列示了回归结果。从表 7-9 可知，对大股东是否违规减持的分析中，“减持规定”只对主板上市公司大股东违规减持有一定抑制作用，即在主板市场上，“减持规定”的实施与是否违规减持呈负相关，但不显著。对中小板和创业板公司大股东是否违规减持没有约束作用。而表 7-10 显示，在对违规减持比例和数量的分析中，“减持规定”的颁布对中小板上市公司大股东违规减持比例和数量均有显著的抑制作用，而对主板和创业板公司大股东违规减持比例没有任何约束作用，对其违规减持数量有一定抑制作用，但不显著。出现这些结果可能的原因是：相较于中小板和创业板公司，在主板上市公司多为市场占有率高、规模较大、风险低的大型优秀企业，更为成熟稳健，为了保护公司声誉，在决策是否违规减持时更谨慎。但是由于违法成本低，一些大股东选择了违规减持，为了获取高额收益，就不顾减持比例和数量的限制。而处于成长期的中小板公司是创业板公司的前奏，其历史使命就是使公司能够在创业板得到发展，更可能遵守“减持规定”的要求。相对而言，创业板上市公司具有收入增长性强、盈利能力强的特点，迎合了部分大股东对市场的投机性需求。实证结果支持了 H7-3。

表 7-9 “减持规定”对不同板块公司大股东是否违规减持的影响

变量	主板	中小板	创业板
	IR	IR	IR
ReRu	-0.011 (-0.014)	0.863 (1.181)	1.795 (1.377)
Size	-0.178 (-1.374)	-0.339 (-1.575)	-0.755 (-2.560)**
LEV	0.033 (0.047)	0.787 (0.771)	1.052 (0.830)
Ind	0.053 (0.223)	-0.019 (-0.066)	0.437 (1.000)

续表

变量	主板	中小板	创业板
	IR	IR	IR
Sup	0.080 (0.601)	-0.124 (-0.621)	0.377 (1.130)
Dual	-0.150 (-0.433)	0.402 (1.492)	0.908 (2.420) **
Top1	-0.002 (-0.163)	-0.029 (-1.636)	-0.015 (-0.603)
ZH	0.144 (0.565)	-0.538 (-1.741) *	0.590 (1.874) *
INSH	0.197 (0.279)	0.770 (1.185)	2.886 (3.127) ***
ROA	1.415 (0.641)	0.414 (0.181)	-0.740 (-0.189)
Growth	-0.006 (-0.261)	0.071 (0.431)	-0.062 (-0.257)
Turnover	0.144 (1.014)	-0.062 (-0.437)	-0.251 (-1.173)
State	-0.145 (-0.454)	-0.986 (-1.420)	1.308 (1.854) *
AH	-1.071 (-1.375)	— —	— —
MarkDg	0.053	—	—
Year & Industry	Control	Control	Control
Constant	-0.278 (-0.087)	4.680 (0.965)	9.152 (1.361)
样本量	876	878	642
R^2	0.102	0.140	0.347

注：括号内为 T 值，*、** 和 *** 分别表示在 10%、5%和 1%的水平上显著。

表 7-10 "减持规定"对不同板块公司大股东违规减持比例与数量的影响

变量	主板		中小板		创业板	
	Ratio	Number	Ratio	Number	Ratio	Number
ReRu	0.202 (0.255)	-1.672 (-1.121)	-1.420 (-2.643)**	-5.057 (-4.990)***	0.278 (0.461)	-0.885 (-0.594)
Size	-0.071 (-0.554)	0.496 (2.032)**	-0.204 (-1.073)	-0.358 (-1.001)	0.096 (0.505)	-0.071 (-0.151)
LEV	0.265 (0.350)	0.679 (0.475)	0.962 (1.149)	2.441 (1.545)	-0.333 (-0.506)	-1.725 (-1.060)
Ind	-0.463 (-1.698)*	-0.192 (-0.373)	0.204 (0.939)	0.232 (0.567)	0.417 (1.602)	0.534 (0.829)
Sup	-0.015 (-0.100)	-0.039 (-0.136)	-0.081 (-0.430)	-0.710 (-1.995)*	-0.188 (-0.793)	0.030 (0.052)
Dual	-0.399 (-1.079)	-1.110 (-1.592)	-0.084 (-0.351)	-0.858 (-1.896)*	-0.184 (-0.783)	0.185 (0.319)
Top1	0.018 (1.184)	-0.027 (-0.937)	-0.022 (-1.443)	-0.005 (-0.177)	0.031 (2.103)**	-0.012 (-0.349)
ZH	0.282 (1.250)	-0.142 (-0.334)	-0.197 (-0.737)	-0.031 (-0.062)	0.291 (1.300)	-0.593 (-1.074)
INSH	0.365 (0.482)	0.518 (0.362)	0.910 (1.368)	-0.130 (-0.104)	-0.338 (-0.576)	-1.305 (-0.900)
ROA	1.825 (0.574)	-7.043 (-1.175)	0.511 (0.307)	-2.009 (-0.639)	-3.227 (-1.142)	-5.750 (-0.823)
Growth	-0.049 (-0.884)	0.026 (0.248)	0.083 (0.408)	0.347 (0.903)	-0.127 (-0.616)	0.048 (0.0951)
Turnover	-0.018 (-0.117)	-0.292 (-0.992)	0.044 (0.313)	-0.318 (-1.191)	-0.045 (-0.285)	-0.365 (-0.935)
State	0.010 (0.030)	-0.300 (-0.467)	-0.173 (-0.232)	2.026 (1.440)	-0.022 (-0.049)	0.210 (0.184)
AH	-0.881 (-1.047)	0.574 (0.362)	— —	— —	— —	— —
MarkDg	-0.078	-0.037	—	—	—	—
Year & Industry	Control	Control	Control	Control	Control	Control
Constant	2.464 (0.814)	6.001 (1.051)	4.130 (0.959)	29.34 (3.612)***	-4.167 (-0.956)	20.06 (1.861)*

续表

变量	主板		中小板		创业板	
	Ratio	Number	Ratio	Number	Ratio	Number
样本量	64	64	76	76	54	54
R^2	0.582	0.438	0.503	0.520	0.757	0.497

注：括号内为T值，*、** 和 *** 分别表示在 10%、5%和 1%的水平上显著。

四、稳健性检验

本章以 2015 年 7 月 8 日证监会颁布的“18 号文”为时间窗，由于“减持规定”对大股东减持行为有 6 个月禁售期限制，并且股灾的发生导致许多干扰因素的存在，故将 2015 年作为过渡年，回归分析中剔除这一年的数据，将 2012 年、2013 年和 2014 年数据作为“减持规定”颁布前的数据，2016 年、2017 年和 2018 年数据作为“减持规定”颁布后的数据，重复了前面的回归分析，结果与前面研究基本一致，由于篇幅所限，在此未展示回归结果。

第五节　关于“旧规”与“新规”政策效应比较的进一步研究

前面实证检验了“减持规定”的实施效果，总体来看，“减持规定”在一定程度上抑制了大股东违规减持行为，但不是很显著。为了探究不显著是否是“旧规”漏洞造成的，本章进一步检验 2017 年“新规”是否比 2016 年“旧规”更有效。

“旧规”的实施缓解了大股东通过集中竞价方式进行减持，但是大宗交易和协议转让方式使大股东仍旧频繁减持。为了强化对中小投资者的保护力度，弥补“旧规”漏洞，证监会于 2017 年 5 月 26 日颁布“新规”，更严苛地规定了大股东减持比例与频率，限制了大宗交易“过桥减持”和非公开发行股份减持，强化了信息披露要求，提高了违规减持成本，以期更有效地规范大股东减持行为，避免集中、大幅、无序减持扰乱二级市场秩序，冲击市场投资者信心。无论是“18 号文”还是“旧规”，约束重点均为上市公司大股东在二级市场中的减持行为，给大股东利用大宗交易进行减持套现提供了机会（郑佳宁，2016）。唐齐鸣等（2018）的实证结果显示，“新规”的实施提高了大宗交易市场筛选股票的能力，减少了“过桥减持”行为。“新规”引导持有上市公司非公开发行股份的股东在股份锁定期届满后规范、理性、有序减持，减少了市场波动（章晟等，2019）。而且，“新规”的颁布提升了投资者对定向增发事项的认可程度（阮永平等，2018）。

基于对“减持规定”内容和效果的对比分析，本章认为，相对于 2016 年“旧规”，2017 年“新规”可能更有效约束了大股东违规减持行为。

分别选取 2016 年“旧规”和 2017 年“新规”颁布的时间作为事件发生起点，“旧规”的政策效应观察期是 2016 年 1 月 8 日至 2017 年 5 月 26 日（505 天），“新规”的政策效应观察期为 2017 年 5 月 28 日至 2018 年 10 月 15 日（505 天）。从 2016 年 1 月 8 日至 2018 年 10 月 15 日，一共有 905 个样本发生了减持，其中，发生了违规减持的样本有 105 个[①]。回归分析以“旧规”颁布为基期，用差分方法研究“新规”对大股东违规减持的政策效应是否强于“旧规”。

本章分别运用 Logit 和 OLS 回归方法对模型（7-1）进行回归，结果如表 7-11 所示。表 7-11 中，列（1）是利用发生大股东减持的样本分析 2017 年“新规”颁布后违规减持行为是否比 2016 年“旧规”颁布后有所减少。回归结果显示，是否颁布“新规”（ReRu17）与大股东是否违规减持（IR）之间呈负相关，但不显著（回归系数为-0.268，T 值为-0.682）。

① 在此期间，由于没有 A+H 公司发生减持，回归分析时去掉 AH 这个变量。

表 7-12 中，列（2）和列（3）是以大股东违规减持样本为研究对象，分析其违规减持比例和数量在“新规”颁布后是否有下降。回归结果显示，是否颁布“新规”（ReRu17）与违规减持比例（Ratio）和违规减持数量（Number）呈负相关，但不显著（回归系数分别为-0.010 和-0.397，T 值分别为-1.127 和-0.565）。这些结果说明，只有微弱的证据表明“新规”比“旧规”更能有效抑制大股东违规减持行为。其原因可能是：一方面，由于政策效果的滞后性，“新规”实施时间太短，效果还没有显现；另一方面，规则变更频繁不利于稳定市场参与者的预期（罗文钦，2017）。

表 7-11 2017 年“新规”与 2016 年“旧规”政策效果比较

变量	（1）IR	（2）Ratio	（3）Number
ReRu17	-0.268 (-0.682)	-0.010 (-1.127)	-0.397 (-0.565)
Size	-0.160 (-1.299)	-0.001 (-0.533)	0.367 (1.668)*
LEV	-0.282 (-0.422)	-0.002 (-0.110)	-0.731 (-0.561)
Ind	-0.190 (-0.745)	-0.004 (-0.764)	0.118 (0.252)
Sup	-0.078 (-0.510)	0.003 (0.783)	-0.023 (-0.079)
Dual	0.283 (1.259)	-0.006 (-1.122)	-0.936 (-2.208)**
Top1	-0.012 (-0.852)	0.001 (1.317)	-0.004 (-0.178)
ZH	0.100 (0.466)	0.007 (1.333)	0.069 (0.163)
INSH	0.799 (1.476)	0.014 (1.082)	-0.147 (-0.153)
ROA	1.121 (0.567)	-0.061 (-0.879)	-10.28 (-2.007)**
Growth	0.020 (0.272)	0.001 (0.842)	0.013 (0.083)

续表

变量	(1) IR	(2) Ratio	(3) Number
Turnover	0.028 (0.286)	-0.002 (-0.596)	-0.185 (-0.751)
State	0.659 (2.079)**	0.001 (0.077)	-0.284 (-0.513)
FG	-0.064 (-1.142)	-0.001 (-0.213)	-0.076 (-0.637)
Year & Industry	Control	Control	Control
Constant	2.705 (0.947)	0.036 (0.461)	8.513 (1.461)
样本量	905	105	105
R^2	0.030	0.187	0.265

注：括号内为 T 值，*、** 和 *** 分别表示在 10%、5%和 1%的水平上显著。

第六节　本章小结

本章以 2016 年和 2017 年颁布的“减持规定”应对股灾发生带给市场的震动为研究背景，选取沪深两市 2013~2018 年发生的大股东减持事件为样本，研究分析了监管法规对大股东减持行为的威慑作用。本章从大股东是否违规减持、违规减持比例以及违规减持数量三个维度，实证检验了监管法规对大股东违规减持的抑制作用。通过实证分析得出以下结论：

（1）“减持规定”发挥了一定的积极作用，但还没有达到预期效果。从总体样本回归结果发现，“减持规定”的颁布显著降低了大股东违规减持的比例和数量，但没有减少大股东违规减持的次数。

（2）“减持规定”对非控股大股东违规减持比例和数量有显著的约束作用，但没能有效降低非控股股东的减持次数，也没能有效抑制控股大股东的违规减持行为。

（3）“减持规定”在中小板上市公司中发挥了积极作用，大大降低了大股东违规减持比例和数量，但在主板和创业板公司却没有发挥相同作用。

（4）2017 年颁布的减持“新规”比 2016 年颁布的减持“旧规”抑制大股东违规减持的效果稍好，但是差异不显著。“新规”主要是从减持信息披露制度、诚信义务和一致行动人减持的合并计算等方面进行了规范，但对于违规减持处罚力度规定较轻，达不到威慑效果。

大股东频繁违规减持向公众传递了企业发展动力不足的利空信号，使中小股东盲目跟风抛售手中股票，引起市场动荡。尤其是控股股东大规模减持，会导致股权结构发生变化，从而引发控制权之争，造成经营动荡不安。总之，大股东违规减持造成的不管是资本市场股价动荡还是上市公司绩效动荡，都会给中小投资者造成伤害。为了规范大股东减持行为，保护中小投资者利益，本章提出以下几点建议：

（1）提高“减持规定”的法律效力层级。目前，我国涉及大股东减持股份的相关规定大部分都属于证监会、证交所的规范性文件和行业指南，法律位阶较低。《公司法》《证券法》对大股东减持股份并没有直接规定，仅仅只有一些股份转让的原则性规定，很难在实践中操作。建议在《公司法》《证券法》中细化规范大股东减持相关内容，提高法律效力。

（2）进一步完善“减持规定”细节内容，规避大股东钻政策空子精准减持。现有制度规定是从宏观层面考虑的，在落地实施过程中有大量主观操作空间，一些投机大股东利用政策空子变换手段减持套现。为了从根本上规范大股东减持行为，政策制定需要更微观、更全面。根据“木桶效应”，要对各种交易方式进行堵漏，防止大股东通过更为隐蔽的途径变相违规减持，侵害中小投资者利益。比如说，大宗交易方式不受提前信息披露和减持比例限制的约束，就为大股东违规减持提供了契机，因此，证监会需要完善规范，堵住缺口。

（3）加强“减持规定”内容的宣传、培训。通过广泛宣传和培训，强化大股东合规减持意识，培养公司自觉遵守各项规章制度的习惯，营造良好市场经济氛围。提升信息披露质量，减少因信息不对称带来的利益冲突，促进资本市场和上市公司健康发展。

（4）加大违规减持处罚力度，提高违规成本。现有的违规减持案例表明，违规减持收益大、成本低，监管难以起到警示和威慑作用，无法有效抑制其减持获利的强烈冲动。同时，由于违法违规行为的复杂性和隐蔽性，违规减持行为查实认定难度大，难以查出所有违规行为，无法对违规者形成有效的威慑作用，尤其是对那些心存侥幸的大股东。因此，呼吁监管部门对于未按规定披露减持信息或发布带有欺骗性和误导性经营信息的公司一律零容忍，对于利用各种花招变相违规减持的行为严惩不贷，将这些违规者纳入国家征信体系黑名单，加大声誉处罚。同时，大幅提高违规减持处罚金额，使违规者不能起死回生。

本章的研究也存在一定局限性。第一，由于获取的数据有限，在研究时没有区分原始大股东和非原始大股东的减持行为；第二，由于政策效果的滞后性，减持规定实施的时间不长，短期政策效果不佳不能推论出长期政策效果不佳的结论。因此，未来可以跟踪研究政策效果。另外，原始大股东一般是公司创始人，与非原始大股东相比，地位特殊，享有公司更多权益，对公司的情感和依赖程度等也不同，“减持规定”对其约束作用也会不同，因此，未来可以进一步探讨“减持规定”对原始大股东和非原始大股东违规减持的作用差异，以便为制定有针对性的政策法规提供经验证据。而且，本章主要利用二手数据对资本市场进行自然实验研究，未来可以用问卷调查法从人的感知视角研究“减持规定”的政策效果。

第八章　规范大股东减持的内外部治理机制建议

股票市场是资本市场的重要组成部分，是实现国民经济增长和世界经济一体化不可或缺的重要场所。要发挥股票市场在经济建设中的积极作用就必须规范大股东减持行为，杜绝其违规减持套现，以维护市场稳定，保护各利益相关者的利益。规范大股东减持行为应从公司内部和外部治理入手，里应外合，多管齐下。大股东违规减持不仅给市场带来负面效应，还可能直接影响公司经营活动。大股东这种“放血”行为使大量资金从证券市场流出，向公众传递了企业发展动力不足的利空信号，使中小股东盲目跟风抛售手中股票，引起市场动荡。尤其是控股股东大比例减持股份，会导致股权结构发生变化，从而引发控制权之争，造成经营动荡不安。总之，大股东违规减持造成的恶果——无论是资本市场交易动荡还是上市公司经营动荡，都会给中小投资者造成伤害。为了减少大股东违规减持行为，保护中小投资者利益，本章将从股东监督、独立董事制度、媒体关注和法律法规四个方面提出完善公司内外部治理机制的建议，各个机制之间必须相互作用、互相补充、协力合作，才能实现监督大股东违规减持的目标。

第一节　公司内部治理机制

一、股东监督机制

第一，合理发展和引导机构投资者进行价值投资。

我国目前正处在“新兴+转轨”的特殊资本市场环境中，市场化意识欠缺，需要逐步培育市场机制，完善基础性制度，引导机构投资者服务实体经济的投融资需求，避免资金脱实向虚在金融体系内部自我循环、投机炒作。一些机构投资者为了自身利益与大股东合谋，在大股东减持前大量购入股票哄抬股价，方便大股东以集中竞价方式择机卖出所持股份，或是在大宗交易中充当接盘人，帮助大股东在短期内实现“过桥减持”套现，侵占其他中小投资者利益。这部分机构投资者大多是短期投机者，不关心公司长期价值，也不顾及其他中小投资者利益，只顾自己赚得盆满钵满。近 20 年来，“超常规”发展机构投资者使证券投资基金有单极扩大趋势，造成机构投资者结构失衡。证券投资基金虽然是相对独立的机构投资者，但是其中的开放式基金面临着顾客随时赎回的压力，可能导致证券市场不稳定。市场应该允许各种投资风格的机构投资者进入市场，形成均衡的机构投资者结构。营造良好的 QFII 投资环境，引导和鼓励境外机构投资者积极参与公司治理，使 QFII 成为主动价值投资者，而不只是被动长期持股者。放宽企业年金、社保基金的入市条件，相对来说，他们是长期且自有的基金，没有随时赎回压力，有利于进行价值投资，增加证券市场稳定性。同时，重点培养积极型机构投资者，鼓励机构投资者长期稳定持股，减少政府对企业年金和社保基金的干预，充分发挥机构投资者的公司治理作用。

第二，培养个体投资者的投资能力。

一方面，可以营造良好氛围鼓励个体投资者主动学习与投资相关的知识，提高自身专业素质，减少盲目跟风行为造成的投资损失。由于专业知识的欠缺，个体投资者无法利用专业知识对个股投资价值做出比较合理的判断，从而容易受虚假信息误导。另一方面，可以充分发挥专业机构的作用，开展培训活动，向个体投资者普及投资策略及投资方法等专业知识，引导其由股民转化为基民，使其为保障自身利益筑造一道自我防线。

第三，保护中小投资者利益，赋予他们特殊权利。

首先，要唤醒以机构投资者为代表的中小股东的自我保护意识，主动关注公司行为，积极行使股东权利。其次，当中小股东利益受到内部控制人侵害时，应赋予中小股东特殊权利：对大股东或管理人员提起诉讼的权利，防止他们在形式合法的外衣下实施实质违法的行为，使中小股东直接用诉讼手段对内部控制人进行卓有成效的监督；赋予中小股东特别否决权，建立中小股东否决权制度，允许中小股东通过行使否决权的方式推翻不合理决策，防止内部控制人滥用控制权控制公司，充分保护公司利益；成立具有权威性的中小股东利益保护委员会，专门处理中小股东维护权益的申诉及纠纷，约束大股东或经理人员的利益侵占行为。

二、独立董事监督机制

第一，应该保持独立董事任命和提名的独立性。

中国证监会于 2001 年颁布的《关于在上市公司建立独立董事制度的指导意见》明确指出独立董事制度是形成权力制衡与监督的制度，独立董事对上市公司及全体股东负有诚信与勤勉义务，尤其要关注中小股东的合法权益不受损害。这里的权力制衡与监督主要是与公司内部控制人包括大股东和管理人之间形成权力制衡，并对其进行监督。因此，独立董事履行职责的应保持独立，不受上市公司主要股东、实际控制人或其他存在利害关系的单位或个人的影响。目前，大多数独立董事的提名和任命过程均由公司内部人决定，履职过程不能保持独立，这是“独立董事不独立”问题的根源所在。虽然监管部门会对公司任命的独立董事进行审查和公示，以彰显独立董事与公司内部治理层的无关联性，但是由于监管部门对信息资源的获取常常是不完全的，现实情形中并非所有无关联董事都是完全独立的，还可能存在被公司隐瞒关联性的某些灰色董事。此外，一些公司聘请独立董事的初衷可能是为了应付监管部门的审查，使独立董事在公司经营管理活动中担任“花瓶”角色。虽然深圳证券交易所单独披露了独立董事的信息，但只是介绍在职独立董事背景信息以及其参加独立董事培训的时间，所以独立董事人才库仅仅为上市公司聘请独立董事提供参考。因此，要保证独立董事在履职过程中保持独立，应该从独立董事的提名和任命环节着手，建议独立董事的提名和任命由证监会统一组织管理。证监会首先要建立全国范围内的独立董事人才库，然后通过掌握上市公司或拟上市公司的业务范围、规模大小等背景，根据独立董事的专业背景、职业背景，调查独立董事与公司是否有关联关系等，为上市公司提供限制性独立董事名单，上市公司只能在名单范围内选择独立董事。证监会要对进入独立董事人才库的专家进行严格把关，可以用契约约束人才库专家。每家上市公司的独立董事3~5年强制轮换一次，可以地域交叉、行业交叉，让独立董事把好的经验带入所在上市公司。

第二，设计合理的激励机制促使，独立董事勤勉履职。

为了激励独立董事积极有效监督大股东违规减持行为，可以设计合理的薪酬机制、声誉机制、市场机制和法律机制。

（1）薪酬机制。目前，我国独立董事报酬采取固定薪酬方式，过低的薪酬降低了独立董事参加董事会会议的意愿，而过高的薪酬使得独立董事不会对董事会议案提出异议。因此，薪酬机制尚未发挥有效的激励作用，固定薪酬机制不是权宜之策。建议使用股权、期权与固定津贴相结合的方式，充分考虑控股股东和高管对独立董事薪酬的约束以及“天价薪酬”现象，将发放薪酬的权力移交给证监会专门的独立董事薪酬管理部门，使独立董事薪酬管理部门和提名部门之间形成权力制衡，真正发挥薪酬的激励作用。

（2）声誉机制。在声誉激励较大的任职企业中，独立董事更加勤勉尽责，大股东违规减持发生的可能性就更小。社会地位相对不高的独立董事提高声誉的动机较强，相关部门可以建立独立董事绩效考评机制或设立独立董事年度述职报告机制，对独立董事年度履职情况进行评价，进而向市场传递独立董事积极履职的信号，提升或维护其良好声誉。对于那些获得不良评价的独立董事，为了提升自己的声誉，他们会在未来的履职中尽职尽责。因为好的声望和信誉是通过一直以来的努力积累起来的，但声誉的毁损却是朝夕之间的事。建立独立董事绩效评价库，定期公开，有助于独立董事找差距、给自己定位，扩大自己正面效应，积极弥补自身不足，提高工作效能。

（3）市场机制。目前，独立董事人才市场机制还不完善，建议在市场机制下建立独立董事人才库，让市场根据独立董事年度评价结果为上市公司选择适当的独立董事人员，即对一定期间内表现优秀、未发生违规行为的独立董事，给予提高兼职席位数量、薪酬水平等奖励，但对于未积极履职、发生违规行为的独立董事，给予撤销独立董事任职资格、市场禁入等淘汰处罚。利用市场机制，激励独立董事任职期间保持积极履职的态度，有效监督大股东违规减持。

（4）法律机制。从独立董事的法律保护机制出发，应从以下两个方面入手。一方面，内部控制人妨碍独立董事履职的情况时有发生，针对我国资本市场股权相对集中、内部人控制现象突出等权力制衡较弱的现状，建议监管部门制定法规，约束内部控制人干预独立董事履职。虽然已有规范性文件明确规定独立董事履职不受公司内部人控制，但是强势内部控制人往往忽视其约束，频频干预独立董事的监督活动。因此，需要加大对违规内部控制人的处罚力度，以保证独立董事发挥独立的监督职能。另一方面，针对独立董事自身人身安全或财产的保护。人身安全保险主要针对异地独立董事为履行职责出差过程中可能发生的人身意外保险；财产保险主要针对当公司大股东出现违规减持行为时，独立董事需要承受声誉及兼职席位等方面的损失。由于没有强制要求给独立董事的责任投保，使得大部分独立董事担心履职过程中承担的风险大于收益。所以监管部门应该考虑建立与独立董事自身相关的保险机制，减少独立董事履职过程中的“后顾之忧”。

第三，设计适当的约束机制，促使独立董事勤勉履职。

独立董事发现公司有违规行为时往往选择主动辞职，逃避惩罚。显然，缺乏法律约束时，独立董事会毫无成本地选择保护自身利益而不是保护中小投资者利益，违背了建立独立董事制度的初衷。为确保独立董事能有效发挥监督大股东违规减持行为而保护中小投资者利益的作用，可以建立民事责任制、行政责任制以及刑事责任制“三位一体”的责任追究机制，约束独立董事的行为。具体的责任承担范围和程度，需要结合独立董事实际履职情况考虑。独立董事的民事责任要与内部大股东绑定，即独立董事失职未能有效监督大股东违规减持行为而导致中小股东利益受损的，要与大股东一起承担赔偿责任。独立董事的行政责任主要是针对其违反相关市场准则和秩序的惩罚，包括行政处罚和行政处分。独立董事的刑事责任主要是针对其滥用职权帮助大股东实现违规减持套现等犯罪行为的处罚。因此，要对独立董事的“不作为”“逃避”等不负责任行为进行处罚，促使独立董事积极监督大股东违规减持。

第二节　公司外部治理机制

在完善我国资本市场建设的过程中，多管齐下，健全针对我国上市公司大股东违规减持的外部监管体系。在对大股东违规减持行为实施法律法规“硬约束”的同时，还应重视发挥媒体“软约束”的监督作用，可将媒体的监督与法律的约束相结合，两者相互补充，促进外部监督机制及时有效地发挥作用。

一、完善法律监管的“硬约束”

大股东减持法规在成熟的资本市场早已形成，美国1933年颁布的《证券法》的《144号条例》从证券的交易方式、交易申报、锁定期和减持数量等方面对大股东减持做了严格的规定和限制。我国香港股票市场中大股东减持行为同样受到制度的制约,《证券及期货条例》披露了约束大股东减持的相关内容，主要从锁定期和信息披露两个方面对大股东转让股份进行了限制。虽然我国深沪上市公司股权转让监管力度渐强，但相比不断变化的经济形式与减持手法，仍显得左支右绌。为弥补漏洞，补丁文件频繁出台，给人捉襟见肘的感觉。涉及大股东的直接规范却相对较少，且条文较为散乱，不成体系，并不能很好规范大股东减持行为。因此，构建一个健全完备的大股东减持规范，才能更好解决大股东，尤其是原始大股东和控制性大股东频繁减持、恶意减持、违规减持等问题。

第一，提高大股东减持行为规范的立法层级。

现有的大股东减持行为的法律规范缺乏系统性与统一性，涉及大股东减持股份的相关条文散见于不同层级规范文件中，法律位阶较低，监督效力弱，执行效果不佳。基于长效机制设计理念，建议从《公司法》《证券法》的层级完善上市公司大股东减持行为的具体规范，应将减持限制窗口期、减持信息披露制度、减持比例、违规处罚标准纳入《公司法》，提高法律法规可操作性。但现有法律只针对转让期限进行了规定:《公司法》第一百四十一条规定，“发起人持有的本公司股份，自公司成立之日起一年内不得转让。公司公开发行股份前已发行的股份，自公司股票在证券交易所上市交易之日起一年内不得转让”；2019年颁布的《证券法》第四十四条规定，“持有5%以上股份的股东、董事、监事、高级管理人员，将其持有的该公司的股票或者其他具有股权性质的证券在买入后6个月内卖出，或者在卖出后6个月内又买入，由此所得收益归该公司所有，公司董事会应当收回其所得收益”。

第二，延长大股东禁售“窗口期”。

《公司法》规定，原始股东自上市交易日起一年内不得转让公司股份，可以延长为两年内不得转让。原因在于，原始股东将公司打造上市应该是为了拓宽融资渠道，使公司能发展得更好、更长远，而不应等公司上市后疯狂减持套现。但一些原始股东将公司包装上市的目的就是想圈钱，当公司上市一年后实际经营状况不明确，发展前景不清时，经过“资本运作”减持套现，损害其他股东利益。如果禁售期延长一年，就能让投资者合理做出投资决策。另外，可以规定持有公司股份5%以上的其他大股东买入股票后一年内禁止售出，以免造成“过桥减持”。

第三，严格限制不同减持方式的减持比例。

对于大宗交易、协议转让和集中竞价，严格限制其比例和接盘方再转让的期限和比例。解禁期之后，大股东在三个月时间里通过集中竞价方式不得减持超过公司股份总数的1%，即使这样，一年通过集中竞价方式可以减持其股份总数的4%，加上通过大宗交易方式的减持数量，一年减持比例可以超过10%，对股票市场的影响是巨大的。建议改为：采取大宗交易方式的，在任意连续180日内，减持股份总数不得超过公司股份总数的1%。受让方在受让后12个月内不得转让所受让的股份。采取协议转让方式的，单个受让方的受让比例不得低于公司股份总数的5%，转让价格下限比照大宗交易的规定执行。大股东减持采取协议转让方式，减持后不再具有大股东身份的，出让方、受让方在12个月内应当遵守采取集中竞价交易任意连续180日内减持不得超过1%。另外，当大宗交易、协议转让方式受到限制后，一些股东可能会选择股权质押方式套现，使市场存在极大隐患。为了缓解大量异常股权质押对市场造成巨大压力，防止届时股票下跌造成股市巨大震动，应对股权质押比例和信息披露等方面做出限制和监管，防止采用异常质押方式投机减持套现。

第四，完善信息披露制度。

由于大股东股份的变化对市场的影响较大，应加强对大股东减持信息的披露，包括一致行动人的减持行为。在收集大股东减持数据的过程中，发现多数违规减持行为都与信息披露密切相关，在信息披露上做手脚已成为大股东恶意减持套现的主要手段。建议进一步完善上市公司信息披露制度，细化信息披露的主体、时间、内容、渠道等，要求信息披露具有及时性和真实性，虚假信息披露应承担相应法律责任，同时强调信息披露内容的全面性、披露方式的多元化。例如，减持比例越大，越需要提前更长时间披露。目前，只有集中竞价有信息披露要求，大宗交易和协议转让没有信息披露要求。为了信息公开透明，维护中小投资者的知情权，大宗交易和协议转让也需要完善信息披露制度。

第五，强化监管力度，提高违法成本。

监管应贯穿于减持过程始终，即在股份减持前、减持过程中以及减持后均应严格监管。违规减持获利动机巨大，唯有严法重罚方能起到威慑作用。在以行政责任为主的追责机制下，努力完善刑事责任与民事责任的作用，加强刑事责任处罚力度，构建相应诉讼机制，对受到巨大影响的中小股东而言是维护其利益的又一重要手段，能提高大股东违法成本，真正起到威慑作用。在行政处罚方面，需要修改《公司法》和《证券法》中关于违规行为的认定、处罚方式以及处罚力度等方面的条款。从实证结果可知，询问函、警示函对大股东违规减持行为不足以形成震慑。另外，不痛不痒的罚款也无法阻挡大股东违规减持的决策，因为几十万元和几百万元的罚款相对于从减持中获得的几千万元甚至上亿元利益而言微不足道。2019 年新《证券法》规定，对于上市公司信息披露违法行为，从原来最高可处以 60 万元罚款，提高至 1000 万元。要想从根本上遏制大股东违规减持行为，可以从以下几个方面考虑：一是严格违规减持行为的认定，包括减持动机、减持比例、减持方式和减持信息披露情况。二是加大处罚力度，对于减持超过规定幅度的部分进行罚没，并对其收益进行数倍罚款；对于未经披露或虚假披露进行减持的，对其收益进行部分罚没并对收益进行数倍罚款；对于未按预先披露的减持计划减持的，或违反不减持承诺减持的，对其收益进行部分没收。因此，对于未按规定披露减持信息或发布带有欺骗性以及误导性经营信息的公司，监管部门应一律零容忍，对利用各种花招变相违规减持的行为严惩不贷，将这些违规者纳入国家征信体系黑名单，加大声誉处罚力度。同时，大幅提高违规减持处罚金额，使违规者不能起死回生。

第六，建立有区别的减持制度。

在设计禁售期和减持比例的制度方面，可以根据不同企业类型、不同持股人，建立不同的禁、限售时间，重点保护实体型、高科技型、创新型、环保型企业。例如，综合各方面条件，如规模有别、股权构成有别、盈利能力有别等，可以规定新能源设备制造商适当缩短禁售期，而污染重、效益低的企业可以固定延长其禁售期。原始股东、控股股东和其他大股东持股的目的通常情况下也会不同，公司发起人不仅是公司主要股东或控股股东，还是公司经营宗旨的设计者和执行者，还是公司未来经营业绩的预测分析者，要对经营不准确承担相应的法律和经济责任。为了保护投资者的利益，通常要求发起人必须持有一定比例的股份，在一段时间内限制其流通或不许流通。而其他持股5%以上的大股东，可能只是价值型投资，对企业没有很强的责任感和长期愿景。

第七，进一步完善减持法规细节内容，规避大股东钻政策空子。

现有制度规定是从宏观层面考虑的，在落地实施过程中有大量主观操作空间，一些投机大股东会利用政策空子变换手段减持套现。为了从根本上规范大股东减持行为，制定的政策需要更微观、更全面。根据“木桶效应”，要对各种交易方式进行堵漏，防止大股东通过更为隐蔽的途径变相违规减持，侵害中小投资者的利益。例如，大宗交易方式不受提前信息披露和减持比例限制的约束，就为大股东违规减持提供了契机。因此，证监会需要完善规范、堵住缺口。

第八，奖惩结合，合理引导大股东减持。

对那些解禁之后12个月及以上未减持的大股东，在他们后期减持中可以给予一定比例的减持个税折扣；解禁后减持比例小于允许比例时，也可以给予一定比例的个税折扣。同时，对那些解禁后马上减持、顶格减持的原始大股东，可以对他们减持后获得的巨额资金的用途进行一定限制，例如，抽取一定比例的收益，作为盈余公积金归入公司留存收益。另外，加强对减持法规内容的宣传、培训。通过广泛宣传和培训，强化大股东合规减持意识，培养公司自觉遵守各项规章制度的习惯，营造良好的市场经济氛围。

二、加强媒体监管的“软约束”

外部治理机制中，媒体监督作为法律规范的重要补充，因其广泛的社会影响力在改善公司治理方面发挥着至关重要的作用。媒体监督作用的充分发挥需要政府出台相关法律法规支持，建立健全相关行业制度规范，对媒体市场加以引导和规范，提高媒体自由度与透明度，同时加大对媒体与企业串谋行为的惩罚力度，以保证媒体报道的公正性，维护媒体的公信力。

第一，充分发挥媒体监督的积极作用，改善公司治理结构。

对于公司内部人行为不规范或代理问题严重的企业，充分发挥媒体关注的外部监督作用，使上市公司大股东面临自身声誉和经济受损的压力，可以保护中小投资者利益。实证研究表明，通过加强媒体的日常监督作用，能够有效降低大股东违规减持行为。媒体对公司大股东违规减持行为的曝光，对其利益侵占行为的揭露，可以降低因信息不对称带来的代理成本，促进资本市场有序发展。因此，扶持媒体行业发展，鼓励媒体对有价值的新闻进行深度挖掘，在更大程度上降低了大股东与中小股东之间的信息不对称性。

第二，完善奖惩制度，鼓励媒体积极监督大股东违规减持行为。

大数据背景下的网络媒体不应该只是事件的“传声筒”，而应该发挥外部治理的监督作用。现代科技时代搜集信息成本大幅降低，信息传递速度大幅提升，在增加媒体报道互动性和传播速度的同时，也造成良莠不齐的新闻报道冲击大众眼球的负面效应；同时，由于媒体是相对敏感的行业，报道内容的敏感性可能关系到各方利益集团，从而对媒体报道的真实性形成压力，导致媒体报道虚假信息。由于新闻失真、市场噪声会大幅度降低媒体报道的信服力，建议通过设立媒体报道奖惩制度，增强媒体对公司丑闻信息真实性的挖掘，激励他们更加积极地履行监督职能，而对于传播虚假信息的媒体，应该加大惩处力度。

第三，营造良好制度环境，保证媒体监督职能充分发挥。

新闻媒体监督本质上是人民群众对国家公共事务管理活动的监督，是行使其民主权利最便捷的有效途径。当前市场经济也还处在一个不完全成熟的阶段，新闻媒体的言论监管条例尚不完善，公司很可能为了获得更多利益而收买媒体，将其作为利益共同体，让媒体对公司情况进行虚假宣传或买断负面新闻。为了保证媒体监督职能的发挥，政府应该从法律和政策层面对新闻媒体行业进行规范和管制。可以通过制定法律法规，明确新闻从业人员和被监督对象的民事权利义务，规范他们的行为，从根本上遏制虚假新闻内容的产生和传播，从而发挥媒体行业监督的功能，保证信息报道的真实性与透明度。同时，应该加强媒体行业的市场化进程，减少行政干预，加快推进媒体行业市场准入和准出机制的制定，规范媒体业健康发展。另外，对新闻媒体实时动态监控，并制定相关条例，使媒体有效发挥其监督作用，保证媒体权威性。媒体进行了负面新闻报道，政府在确认情况属实之后，应该立刻采取行动加强市场整治。

第四，媒体应该提高自身独立性和专业性，忠实扮演监督角色。

独立性高的媒体能够客观地进行新闻报道，向受众群体传播真实的新闻内容。目前，我国媒体的独立性和专业性还有待进一步提高，主要原因有以下几点：一是国家相关政策对新闻媒体的影响力较大，新闻媒体的地区同质化现象严重，缺乏激烈竞争的市场环境，使新闻媒体的社会地位有所下降；二是媒体的收入主要还是广告收入，为了获得更多的利益，部分媒体甚至存在与企业或其他利益集团合谋的行为，报道虚假信息；三是一些新闻媒体为了追求轰动效应，获取更多点击量和关注，会报道不真实的新闻内容，使信息严重失真。因此，媒体作为第三方媒介，最主要的功能是信息传播与监督治理，建议减少不必要的行政干预，从而保证媒体监督的独立性，以此获得更为真实有效的信息。媒体真正的客户是人民大众这一受众群体，不能一味迎合广告客户而进行不真实的报道，丧失公信力。媒体只有提高自身独立性和专业性，对事件进行真实客观的报道，才能获得受众群体的长期信任和支持，从而吸引到更多广告客户的投资。媒体从业人员是新闻媒体行业的核心，媒体从业人员需要不断提升自身专业知识水平，才能满足社会公众各式各样的需求，提升媒体影响力。

第九章 结 语

第一节 研究结论

股权分置改革拉开了“大小非”减持的序幕，也激发了其他大股东减持的热情，一些大股东常常与市场炒家联手炒作拉升股价，以股权质押方式或借助高送转等手段进行“资本运作”实现高位减持套现，扰乱了市场秩序。为了规范大股东减持行为，保护中小投资者利益，本书运用以下步骤对大股东违规减持进行了研究：首先，分析了大股东减持的制度背景和减持现状；其次，从理论上剖析了大股东减持的动机和方式；再次，实证检验了公司内外部治理机制监督和约束大股东违规减持的效果，具体包括机构投资者对大股东减持时机的影响，独立董事、媒体关注以及法律法规对大股东违规减持的约束；最后，提出了完善公司内外部治理机制的对策建议。研究结果显示：

第一，大股东减持动机主要有兑现前期资本投资价值、获得流动资金的需求、优化股权结构、投机套现、战略性退出等。2012~2018 年，我国 A 股市场公司大股东频繁减持，合计减持股份 1688.9 亿股，减持次数共计 5857 次。其中，国有公司减持 1363 次，非国有公司减持 4494 次，控股股东减持 1267 次，非控股大股东减持 4590 次，主板公司减持 2150 次，中小板公司减持 2168 次，创业板公司减持 1539 次。在这些公司发生的大股东减持事件中，有196家公司为违规减持并受到证监会处罚，即使没有受到处罚的那些减持事件，常常也是顶格减持、“清仓式”减持、变脸减持、“过桥”减持，破坏了市场秩序。

第二，大股东减持公告前后超额收益先升后降，总体呈倒V形，大股东能从减持中获取超额收益，表现出明显的减持时机选择行为和择机能力。通过分析机构投资者在大股东减持公告前后的投资行为发现，机构投资者在大股东减持公告前的买入、卖出行为将通过股价变化—股票超额收益—减持时机选择的传导机制影响大股东减持行为。具体表现为机构投资者的买入行为有助于大股东选择高溢价收益的时机进行减持交易，而机构投资者的卖出行为能降低大股东利用减持交易获取的溢价收益。进一步考虑上市公司产权属性后，发现不同产权上市公司中机构投资者的投资行为对大股东减持时机选择的影响存在差异，表现为在国有上市公司中机构投资者的买入行为促进了大股东选择高溢价收益的时机进行减持交易，在非国有上市公司中机构投资者的卖出行为更能降低大股东利用减持交易获取溢价收益。

第三，独立董事比例与大股东违规减持呈显著负相关，独立董事人数占董事会比例越高，大股东发生违规减持的概率越小。与参加会议次数少的独立董事相比，经常参与讨论公司事务的独立董事能够更好地防范大股东违规减持的发生，更好地发挥治理效应。与不具备法律背景的独立董事相比，具有法律专长的独立董事更可能有效监督大股东违规减持。由于独立董事任命受控股股东控制权的影响，其监督能力被控股股东削弱，即相对于控股股东而言，独立董事更可能有效抑制非控股大股东违规减持。对不同板块公司中独立董事的监督作用进行研究发现，主板市场的独立董事发挥了更强的监督大股东违规减持的作用，中小板和创业板公司的独立董事对大股东违规减持的抑制作用较弱。这些结果表明，独立董事在上市公司能够积极发挥其公司治理职能，能有效监督大股东减持行为。但大多数公司对于聘请法律背景独立董事的重要性认识还不够充分，而且独立董事出席会议在不同公司中也表现出极大差异，应出台相应政策，规定独立董事中应当至少有一位具有法律背景的独立董事，并且要求独立董事出席会议的次数，以保证其能够充分发挥职能。与此同时，独立董事的选举和任命也需要以更加公开透明的方式，这样才能够使我国独立董事制度得到更好发展，健全公司治理体系。对于中小板、创业板市场的监管和公司治理结构的优化也应当加大力度，才能使我国资本市场更好发展。

第四，媒体关注度与大股东是否违规减持呈显著负相关，这说明媒体对大股东违规减持的日常监督效果显著，公司受媒体关注度越高时，大股东会权衡公司和个人的利益倾向于不触碰法律底线，做出违规减持行为。与控股股东相比，媒体关注度越高，日常监督越强，非控股股东越不倾向于违规减持。这说明控股股东违规减持收益大于其违规成本，媒体报道曝光之后所产生的声誉成本相对于所带来的收益较低。对于三大板块中的上市公司，媒体关注对主板和中小板上市公司大股东违规减持的监督效果更明显，对创业板公司大股东违规减持的监督效果较弱。

第五，证监会 2016 年和 2017 年发布的“减持规定”在一定程度上抑制了大股东违规减持行为的发生，但还没有达到预期效果。总体来讲，“减持规定”的颁布显著降低了大股东违规减持的比例和数量，但没有降低大股东违规减持的频率。“减持规定”对非控股大股东违规减持比例和数量有显著的约束作用，但没能有效降低控股大股东违规减持比例和数量。“减持规定”在中小板上市公司中发挥了显著的抑制作用，大大降低了大股东违规减持的比例和数量，但在主板和创业板公司没有发挥积极作用。2017 年颁布的“新规”比 2016 年颁布的“旧规”抑制大股东违规减持的效果稍好，但是差别不显著。“新规”主要是对减持信息披露制度、诚信义务和一致行动人减持的合并计算等方面进行了规范，但对于违规减持处罚力度规定较轻，达不到威慑效果。通过对“减持规定”颁布前后大股东违规减持方式的年度趋势进行分析，使用大宗交易方式的占比逐年降低，而采用协议转让方式的比例有一定程度提高。相比大宗交易，协议转让方式涉及主体多，且多为非公开方式进行，不需提前进行信息披露，更难以被监管层和市场察觉，其占比的提升表明市场在寻求新的转让渠道，从侧面可以说明，“减持规定”的颁布抑制了原有的以大宗交易方式为主的违规减持方式，在一定程度上规范了大股东减持行为。

第六，为了制约大股东违规减持行为，必须完善公司内外部治理机制，不仅要完善股东监督制衡机制、董事会监督机制等内部公司治理机制，也要充分发挥大众媒体的监督作用，最重要的是要健全法律法规以规范大股东减持行为。而且，各个治理机制之间必须相互补充、相互合作，才能实现监督和制约效果。例如，“减持规定”的效果需要公司内部治理机制监督才能实现，媒体关注能够揭示大股东违规减持行为，其揭示的违规行为将受到法律处罚；同时，媒体监督职能的发挥离不开法律法规的支撑和保障。

第二节　研究展望

由于研究侧重点不同和研究水平的限制，本书对大股东减持的规制问题讨论得不够全面和深入，未来可以从以下几个方面展开进一步研究：

第一，限制大股东减持的正当性问题很重要，包括经济正当性和法理正当性。本书主要从经济学角度进行了讨论，未来可以从经济学和法学的双重视角展开研究。

第二，内幕交易和大股东减持问题之间的关系值得探讨，理清各自内涵和外延，探究什么是合法交易、什么是违规交易。

第三，未来可以实证检验大股东减持对公司市净率及其持续经营能力的影响，以揭示资本市场交易活动对公司业绩的放大效应。

参考文献

毕金玲、于得水、刘越:《机构投资者角色定位：旁观者还是监督者？——基于鑫科材料公司定向增发的案例研究》,《辽宁大学学报》2017 年第 3 期。

蔡海静、汪祥耀、谭超:《高送转、财务业绩与大股东减持规模》,《会计研究》2017 年第 12 期。

蔡宁、魏明海:《“大小非”减持中的盈余管理》,《审计研究》2009 年第 2 期。

蔡宁、魏明海:《股东关系、合谋与大股东利益输送——基于解禁股份交易的研究》,《经济管理》2011 年第 9 期。

蔡宁:《解禁股份交易中的“择时”行为与大股东侵害》,《南开管理评论》2011 年第 4 期。

曹国华、杜晶:《上市公司不同类型股东的大小非减持动因探究——基于最优股权结构模型的研究》,《南方金融》2011 年第 10 期。

曹国华、林川:《大非减持与真实盈余管理》,《数理统计与管理》2014 年第 1 期。

曹国华、赵晰:《基于 BP 神经网络的大非减持影响因素实证分析——以深交所上市公司为例》,《软科学》2010 年第 5 期。

曹伦、陈维政:《独立董事履职影响因素与上市公司违规行为的关系实证研究》,《软科学》2008 年第 11 期。

曾庆生:《公司内部人具有交易时机的选择能力吗？——来自中国上市公司内部人卖出股票的证据》,《金融研究》2008 年第 10 期。

陈雷、李国正:《独立董事声誉、管理层行为与公司治理》,《财经问题研究》

2016 年第 12 期。
陈灿:《大股东减持与机构投资者交易行为研究》,《金融经济学研究》2016 年第 4 期。
陈红、杨鑫瑶、尹树森:《媒体评价、声誉治理与投资者权益保护》,《中南财经政法大学学报》2014 年第 1 期。
陈克兢:《媒体监督、法治水平与上市公司盈余管理》,《管理评论》2017 年第 7 期。
陈维、吴世农:《我国创业板上市公司高管和大股东减持股份的动因及后果——从风险偏好转向风险规避的“偏好逆转”行为研究》,《经济管理》2013 年第 6 期。
陈伟、林川、彭程:《外部审计与大股东连续减持——基于 2007~2014 年沪深 A 股上市公司样本》,《财会月刊》2016 年第 6 期。
陈宪、袁娜、陈勇:《股权集中、机构持股与内幕交易:来自沪深 A 股的经验证据》,《系统科学与数学》2018 年第 10 期。
戴文涛、刘秀梅、曲京山:《我国上市公司的独立董事制度有作用吗?——基于一个外生政策冲击的检验》,《财经问题研究》2018 年第 11 期。
邓鸣茂:《大股东减持时机与定向增发套利行为研究》,《审计与经济研究》2016 年第 3 期。
杜剑、于芝麦:《学术型独立董事的声誉与比例对公司股价崩盘风险的影响》,《改革》2019 年第 3 期。
高昊宇、杨晓光、叶彦艺:《机构投资者对暴涨暴跌的抑制作用:基于中国市场的实证》,《金融研究》2017 年第 2 期。
高燕、杨桐、郑甘甜、龙子午、杜为公:《全流通背景下大股东减持现状及影响因素研究》,《宏观经济研究》2016 年第 8 期。
耿志民:《机构投资者市场操纵行为理论》,《郑州大学学报(哲学社会科学版)》2012 年第 1 期。
郝云宏、朱炎娟、金杨华:《大股东控制权私利行为模式研究:伦理决策的视角》,《中国工业经济》2013 年第 6 期。

何丹、汤婷、陈晓涵：《制度环境、机构投资者持股与企业社会责任》，《投资研究》2018 年第 2 期。

何威风、刘巍：《公司为什么选择法律背景的独立董事?》，《会计研究》2017 年第 4 期。

胡晨：《声誉视角下独立董事与公司价值间的作用机理研究》，《财会通讯：下》2018 年第 12 期。

胡延坤：《创业板大股东减持的经济后果与治理机制研究——以乐视网为例》，《财会通讯：中》2018 年第 9 期。

胡奕明、唐松莲：《独立董事与上市公司盈余信息质量》，《管理世界》2008 年第 9 期。

黄海杰、吕长江、丁慧：《独立董事声誉与盈余质量——会计专业独董的视角》，《管理世界》2016 年第 3 期。

黄霞：《减持新规的市场反应检验研究》，《现代商贸工业》2018 年第 33 期。

黄张凯、赵龙凯、祖国鹏：《限售股解禁的价格效应研究》，《金融研究》2010 年第 9 期。

黄志忠、周炜、谢文丽：《大股东减持股份的动因：理论和证据》，《经济评论》2009 年第 6 期。

贾明、张喆、万迪昉：《股改方案、代理成本与大股东解禁股出售》，《管理世界》2009 年第 9 期。

蒋珺、栾红旭：《2017 年减持新规的影响及启示》，《长春金融高等专科学校学报》2017 年第 5 期。

金一平：《减持新规出台关注低估新股》，《股市动态分析》2017 年第 21 期。

孔东民、刘莎莎、应千伟：《公司行为中的媒体角色：激浊扬清还是推波助澜?》，《管理世界》2013 年第 7 期。

黎四奇：《对我国上市公司股份减持法律制度的检讨与反思》，《中南大学学报（社会科学版）》2016 年第 2 期。

李常青、熊艳：《媒体治理：角色、作用机理及效果——基于投资者保护框架的文献述评》，《厦门大学学报（哲学社会科学版）》2012 年第 2 期。

李明、叶勇、张瑛:《媒体报道能提高公司的透明度吗?——基于中国上市公司的经验证据》,《财经论丛》2014 年第 6 期。

李明、叶勇:《媒体负面报道对控股股东掏空行为影响的实证研究》,《管理评论》2016 年第 1 期。

李宁、刘玉红:《大小非减持过程中的盈余管理行为及监管策略》,《财经问题研究》2009 年第 11 期。

李培功、沈艺峰:《经理薪酬、轰动报道与媒体的公司治理作用》,《管理科学学报》2013 年第 10 期。

李培功、沈艺峰:《媒体的公司治理作用:中国的经验证据》,《经济研究》2010 年第 4 期。

李姝、翟士运、古朴:《非控股股东参与决策的积极性与企业技术创新》,《中国工业经济》2018 年第 7 期。

李翔、张一璇、周梦雅、陈浩:《股票发行定价与发行后股东减持——基于中国股权分置改革后股票发行的经验证据》,《经济问题》2018 年第 1 期。

李心丹、俞红海、陆蓉、徐龙炳:《中国股票市场"高送转"现象研究》,《管理世界》2014 年第 11 期。

李焰、王琳:《媒体监督、声誉共同体与投资者保护》,《管理世界》2013 年第 11 期。

李越冬、严青:《机构持股、终极产权与内部控制缺陷》,《会计研究》2017 年第 5 期。

李增福、林盛天、连玉君:《国有控股、机构投资者与真实活动的盈余管理》,《管理工程学报》2013 年第 3 期。

梁权熙、曾海舰:《独立董事制度改革、独立董事的独立性与股价崩盘风险》,《管理世界》2016 年第 3 期。

林川、曹国华:《地区市场化进程与大股东减持差异》,《上海金融》2013 年第 4 期。

林振兴、屈文洲:《大股东减持定价与择机——基于沪深股市大宗交易的实证研究》,《证券市场导报》2010 年第 10 期。

刘诚:《独立董事在股东保护中的忠诚与俘获》,《经济与管理评论》2017 年第 5 期。

刘浩、唐松、楼俊:《独立董事: 监督还是咨询? ——银行背景独立董事对企业信贷融资影响研究》,《管理世界》2012 年第 1 期。

刘涛、毛道维、宋海燕:《机构投资者: 选择治理还是介入治理——基于薪酬—绩效敏感度的内生性研究》,《山西财经大学学报》2013 年第 11 期。

刘星、张超:《概念炒作背后的国有股减持与时机选择——基于重庆啤酒的案例研究》,《审计与经济研究》2014 年第 2 期。

刘亚莉、李静静:《大股东减持、股权转让溢价与控制权私利》,《经济问题探索》2010 年第 8 期。

刘运国、龙彦行、曾昭坤:《大股东违规减持信息披露市场反应研究》,《财务研究》2017 年第 4 期。

刘志远、花贵如:《投资者情绪与企业投资行为研究述评及展望》,《外国经济与管理》2009 年第 6 期。

楼瑛、姚铮:《财务绩效与上市公司大股东减持关系实证研究》,《经济论坛》2008 年第 12 期。

鲁桂华、张静、刘保良:《中国上市公司自愿性积极业绩预告: 利公还是利私——基于大股东减持的经验证据》,《南开管理评论》2017 年第 2 期。

逯东、付鹏、杨丹:《媒体类型、媒体关注与上市公司内部控制质量》,《会计研究》2015 年第 4 期。

路玲:《大股东减持是否与财经媒体存在合谋? ——基于 2008~2014 年深交所上市公司大股东减持》,《财会通讯》2017 年第 6 期。

罗进辉:《媒体报道的公司治理作用——双重代理成本视角》,《金融研究》2012 年第 10 期。

吕敏康、冉明东:《媒体报道影响审计师专业判断吗? ——基于盈余管理风险判断视角的实证分析》,《审计研究》2012 年第 6 期。

毛建辉:《独立董事声誉能抑制大股东掏空行为吗? ——基于中小板的经验数据》,《南京审计大学学报》2018 年第 5 期。

秦军、居佳欢:《违规减持大股东与监管者之间的演化博弈研究》,《金融与经济》2018 年第 10 期。

权小锋、吴世农:《媒体关注的治理效应及其治理机制研究》,《财贸经济》2012 年第 5 期。

全怡、郭卿:《"追名"还是"逐利":独立董事履职动机之探究》,《管理科学》2017 年第 4 期。

阮永平、吕可夫、郑凯:《减持新规有效果吗?——基于定向增发市场反应的实证分析》,《金融发展研究》2018 年第 10 期。

孙飞:《我国大股东减持现状、监管及政策建议》,《发展研究》2018 年第 6 期。

谭松涛、崔小勇、孙艳梅:《媒体报道、机构交易与股价的波动性》,《金融研究》2014 年第 3 期。

唐建新、程晓彤:《法律背景独立董事与中小投资者权益保护》,《当代经济管理》2018 年第 5 期。

唐齐鸣、赵传玺、赵袁军:《减持新规对大宗交易市场筛选股票能力的影响——基于双重差分模型的实证检验》,《证券市场导报》2018 年第 12 期。

唐清泉、叶艳芬:《独立董事行权的有效性与实现途径——基于独立董事问卷调查的研究》,《经济管理》2006 年第 11 期。

唐跃军、左晶晶:《终极控制权、大股东治理战略与独立董事》,《审计研究》2010 年第 6 期。

王凯、武立东、许金花:《专业背景独立董事对上市公司大股东掏空行为的监督功能》,《经济管理》2016 年第 11 期。

王汀汀:《减持:流动性需要还是信号发送——基于中信证券的案例分析》,《经济管理》2009 年第 7 期。

王雄元、管考磊:《关于审计委员会特征与信息披露质量的实证研究》,《审计研究》2006 年第 6 期。

王跃堂、赵子夜、魏晓雁:《董事会的独立性是否影响公司绩效?》,《经济研究》2006 年第 5 期。

王跃堂：《独立董事制度的有效性：基于自愿设立独立董事行为的初步评价》，《经济科学》2003 年第 2 期。

吴超鹏、郑方镳、林周勇、李文强、吴世农：《对价支付影响因素的理论和实证分析》，《经济研究》2006 年第 8 期。

吴敏晓：《中国上市公司控股股东二级市场交易法规分析》，《东疆学刊》2012 年第 2 期。

吴先聪、张健、胡志颖：《机构投资者特征、终极控制人性质与大股东掏空——基于关联交易视角的研究》，《外国经济与管理》2016 年第 6 期。

吴育辉、吴世农：《股票减持过程中的大股东掏空行为研究》，《中国工业经济》2010 年第 5 期。

吴战篪、李晓龙：《内部人抛售、信息环境与股价崩盘》，《会计研究》2015 年第 6 期。

吴战篪、吴伟立：《大股东减持伤害了实体经济吗》，《南开管理评论》2018 年第 1 期。

谢德仁、崔宸瑜、廖珂：《上市公司“高送转”与内部人股票减持：“谋定后动”还是“顺水推舟”?》，《金融研究》2016 年第 11 期。

谢诗蕾、许永斌、胡舟丽：《繁忙董事、声誉激励与独立董事监督行为》，《厦门大学学报（哲学社会科学版)》2016 年第 5 期。

徐昭：《上市公司内部人减持行为的内在机制综述》，《经济理论与经济管理》2014 年第 3 期。

徐莉萍、陆明富、张淑霞、刘宁：《技术型连锁独立董事、技术创新与环境绩效》，《科技进步与对策》2018 年第 18 期。

徐莉萍、辛宇：《媒体治理与中小投资者保护》，《南开管理评论》2011 年第 6 期。

颜恩点、曾庆生：《新闻媒体的信息和监督功能：基于上市公司会计盈余价值相关性的研究》，《外国经济与管理》2018 年第 7 期。

杨德明、赵璨：《媒体监督、媒体治理与高管薪酬》，《经济研究》2012 年第 6 期。

杨海燕、韦德洪、孙健：《机构投资者持股能提高上市公司会计信息质量吗？——兼论不同类型机构投资者的差异》，《会计研究》2012 年第 9 期。

杨锴、赵希男、周岩：《治理能力优势多样性导向的独立董事选聘研究》，《经济管理》2018 年第 2 期。

姚颐、刘志远、王健：《股权分置改革、机构投资者与投资者保护》，《金融研究》2007 年第 11A 期。

叶康涛、陆正飞、张志华：《独立董事能否抑制大股东的“掏空”?》，《经济研究》2007 年第 4 期。

于忠泊、田高良、齐保垒、张皓：《媒体关注的公司治理机制——基于盈余管理视角的考察》，《管理世界》2011 年第 9 期。

于忠泊、杨星：《创业板限售股减持及市场效应分析》，《证券市场导报》2016 年第 1 期。

余怒涛、葛桓志：《独立董事、审计委员会和股东制衡的有效性——基于会计报表披露的视角》，《山西财经大学学报》2010 年第 10 期。

俞红海、徐龙炳：《终极控股股东控制权与全流通背景下的大股东减持》，《财经研究》2010 年第 1 期。

袁渊：《大股东减持影响因素的理论和实证分析》，《中国会计评论》2010 年第 4 期。

张大勇、傅利平：《基于股权结构与公司价值的大股东减持行为实证研究》，《西北农林科技大学学报（社会科学版）》2010 年第 3 期。

张华伦、王海茸、杨曦、王磊：《独立董事、审计委员会有效性的实证研究》，《统计与决策》2007 年第 23 期。

张利红、刘国常：《大股东控制与外部审计治理——股票全流通时代的经验证据》，《山西财经大学学报》2014 年第 9 期。

张天舒、陈信元、黄俊：《独立董事薪酬与公司治理效率》，《金融研究》2018 年第 6 期。

张卫东、李莉：《监管新规优化了定向增发市场环境吗?》，《武汉金融》2018

年第 7 期。

张晓宇、徐龙炳:《限售股解禁、资本运作与股价崩盘风险》,《金融研究》2017 年第 11 期。

赵昌文、唐英凯、周静、邹晖:《家族企业独立董事与企业价值——对中国上市公司独立董事制度合理性的检验》,《管理世界》2008 年第 8 期。

郑志刚、刘思敏、黄继承:《我国上市公司策略性股票更名:战略转型还是高位套现?》,《金融研究》2018 年第 10 期。

周开国、应千伟、钟畅:《媒体监督能够起到外部治理的作用吗?——来自中国上市公司违规的证据》,《金融研究》2016 年第 6 期。

周陆海:《上市公司大股东减持效应研究——来自 A 股的经验证据》,《浙江金融》2014 年第 1 期。

周泽将、刘中燕:《独立董事本地任职对上市公司违规行为之影响研究——基于政治关联与产权性质视角的经验证据》,《中国软科学》2017 年第 7 期。

周泽将、马静、刘中燕:《独立董事政治关联会增加企业风险承担水平吗?》,《财经研究》2018 年第 8 期。

朱茶芬、陈超、李志文:《信息优势、波动风险与大股东的选择性减持行为》,《浙江大学学报(人文社会科学版)》2010 年第 2 期。

朱茶芬、李志文、陈超:《A 股市场上大股东减持的时机选择和市场反应研究》,《浙江大学学报(人文社会科学版)》2011 年第 3 期。

朱朝晖、张亚妮:《控股股东减持与盈余管理选择时机分析》,《商业研究》2014 年第 7 期。

Agrawal A and Cooper T., "Insider Trading Before Accounting Scandals", *Journal of Corporate Finance*, Vol. 34, 2015, pp. 169-190.

Ali A., Wei K. D. and Zhou Y., "Insider Trading and Option Grant Timing in Response to Fire Sales (and Purchases) of Stocks by Mutual Funds", *Journal of Accounting Research*, Vol. 49, No. 3, 2011, pp. 595-632.

Allen F., Qian J. and Qian M., "Law, Finance and Economic Growth in China", *Journal of Financial Economics*, Vol. 77, No. 1, 2005, pp. 57-116.

Antoniadis I., Gkasis C. and Sormas A., "Insider Trading and Stock Market Prices in the Greek Technology Sector", *Procedia Economics and Finance*, Vol. 24, No. 7, 2015, pp. 60-67.

Armstrong C. S., Core J. E. and Guay W. R., "Do Independent Directors Cause Improvements in Firm Transparency?", *Journal of Financial Economics*, Vol. 113, No. 3, 2014, pp. 383-403.

Attig N., Cleary S., Ghoul S. E. and Guedhami O., "Institutional Investment Horizons and the Cost of Equity Capital", *Financial Management*, Vol. 42, No. 2, 2013, pp. 441-477.

Baker M., Stein J. C. and Wurgler J., "When Does the Market Matter? Stock Prices and the Investment of Equity-Dependent Firms", *Quarterly Journal of Economics*, Vol. 118, No. 3, 2003, pp. 969-1005.

Beasley M. S., "An Empirical Analysis of the Relation Between the Board of Director Composition and Financial Statement Fraud", *Accounting Review*, Vol. 71, No. 4, 1996, pp. 443-465.

Beltratti A., Bortolotti B. and Caccavaio M., "The Stock Market Reaction to the 2005 Split Share Structure Reform in China", *Pacific-Basin Finance Journal*, Vol. 20, No. 4, 2012, pp. 543-560.

Bhagat S. and Bolton B., "Director Ownership, Governance and Performance", *Journal of Financial and Quantitative Analysis*, Vol. 48, No. 1, 2013, pp. 105-135.

Brochet F. and Srinivasan S., "Accountability of Independent Directors: Evidence from Firms Subject to Securities Litigation", *Journal of Financial Economics*, Vol. 111, No. 2, 2014, pp. 430-449.

Bushee B. J., Core J. E., Guay W. R.et al., "The Role of the Business Press as an Information Intermediary", *Journal of Accounting Research*, Vol.

48, No. 1, 2010, pp. 1-19.

Bratton William W., and Joseph A. McCahery, "Comparative Corporate Governance and the Theory of the Firm: The Case Against Global Cross Reference", *SSRN Electronic Journal*, Vol. 38, No. 2, 2000, pp.1-62.

Chauhan Y., Kumar K. and Chaturvedula C., "Information Asymmetry and the Information Content of Insider Trades: Evidence from the Indian Stock Market", *Journal of Multinational Financial Management*, Vol. 34, 2016, pp. 65-79.

Chemmanur T. J., Hu G. and Huang J., "Institutional Investors and the Information Production Theory of Stock Splits", *Journal of Financial and Quantitative Analysis*, Vol. 50, No. 3, 2015, pp. 413-445.

Chen X, Cheng Q. and Wang X., "Does Increased Board Independence Reduce Earnings Management? Evidence from Recent Regulatory Reforms", *Review of Accounting Studies*, Vol. 20, No. 2, 2015, pp. 899-933.

Chen C., Li T., Li Y. and Zheng S. X., "Insider Selling and IPO Price Premium", *Emerging Markets Finance and Trade*, Vol. 54, No. 15, 2018, pp. 3500-3518.

Cheng Q. and Lo K., "Insider Trading and Voluntary Disclosures", *Journal of Accounting Research*, Vol. 44, No. 5, 2006, pp. 815-848.

Cohen L., Malloy C. and Pomorski L., "Decoding Inside Information", *Journal of Finance*, Vol. 67, No. 3, 2012, pp. 1009-1043.

Core J. E., Guay W. R. and Larcker D. F., "The Power of the Pen and Executive Compensation", *Journal of Financial*, Vol. 88, No. 1, 2008, pp. 1-25.

Dai L., Parwada J. T. and Zhang B., "The Governance Effect of the Media' s News Dissemination Role: Evidence from Insider Trading", *Journal of Accounting Research*, Vol. 53, No. 2, 2015, pp. 331-366.

Demirgnckunt A. and Maksimovic V., " Law, Finance and Firm Growth",

Journal of Finance, Vol. 53, No. 6, 1998, pp. 2107-2137.

Drake M. S., Guest N. M. and Twedt B. J., "The Media and Mispricing: The Role of the Business Press in the Pricing of Accounting Information", *The Accounting Review*, Vol. 89, No. 5, 2014, pp. 1673-1701.

Duchin R., Matsusaka J. G. and Ozbas O., "When Are Outside Directors Effective?", *Journal of Financial Economics*, Vol. 96, No. 2, 2010, pp. 195-214.

Dyck I. J., Volchkova N. and Zingales L., "The Corporate Governance Role of the Media: Evidence from Russia", *Journal of Finance*, Vol. 63, No. 3, 2008, pp. 1093-1135.

Dodd Peter, and Jerold B. Warner, "On Corporate Governance: A Study of Proxy Contests", *Journal of Financial Economics*, Vol. 11, No. 1, 1983, pp.401-438.

Fich E. M., Harford J., and Tran A. L., "Motivated Monitors: The Importance of Institutional Investors? Portfolio Weights", *Journal of Financial Economics*, Vol. 118, No. 1, 2015, pp. 21-48.

Firstenberg P. B. and Malkiel B. G., "Why Corporate Boards Need Independent Directors", *Management Review*, Vol. 69, No. 4, 1980, pp. 26-31.

Grossman Sanford J., and Oliver D. Hart, "Takeover Bids, the Free-Rider Problem, and the Theory of the Corporation", Bell Journal of Economics, Vol. 11, No. 1, 1980, pp.42-64.

Hao G. Q., "Institutional Shareholder Investment Horizons and Seasoned Equity Offerings", *Financial Management*, Vol. 43, No. 1, 2014, pp. 87-111.

Huddart S. J., "The Effect of a Large Shareholder on Corporate Value", *Management Science*, Vol. 39, No. 11, 1993, pp. 1407-1421.

Jaggi B. and Tsui J. S., "Insider Trading, Earnings Management and Corporate Governance: Empirical Evidence Based on Hong Kong Firms", *Journal of International Financial Management and Accounting*, Vol. 18, No. 3, 2007, pp. 192–222.

Joe J. R., Louis H. and Robinson D., "Managers' and Investors' Responses to Media Exposure of Board Ineffectiveness", *Journal of Financial and Quantitative Analysis*, Vol. 44, No. 3, 2009, pp. 579–605.

Jensen Michael C. and William H. Meckling, "Theory of the Firm: Managerial Behavior, Agency Costs and Ownership Structure", *Journal of Financial Economics*, Vol.3, No.4, 1976, pp.305–360.

Kallunki J., Nilsson H. and Hellström J., "Why Do Insiders Trade? Evidence Based on Unique Data on Swedish Insiders", *Journal of Accounting and Economics*, Vol. 48, No. 1, 2009, pp. 37–53.

Khan M. and Lu H., "Do Short Sellers Front–Run Insider Sales?", *Accounting Review*, Vol. 88, No. 5, 2013, pp. 1743–1768.

Kim J., Li L. and Zhang H., "Analyst Forecast Accuracy and Media Independence", *Financial Management*, Vol. 46, No. 4, 2017, pp. 1023–1051.

Kaplan Steven N. and Luigi Zingales, "Do Investment–Cash Flow Sensitivities Provide Useful Measures of Financing Constraints?", *Quarterly Journal of Economics*, Vol. 112, No. 1, 1997, pp.169–215.

Lee E. and N. Piqueira N. S., "Behavioral Biases of Informed Traders: Evidence from Insider Trading on the 52–Week High", *Journal of Empirical Finance*, Vol. 52, 2019, pp. 56–75.

Masulis R. W. and Zhang E. J., "How Valuable Are Independent Directors? Evidence from External Distractions", *Journal of Financial Economics*, Vol. 132, No. 3, 2019, pp. 226–256.

Mustafa S T. and Youssef N. B., "Audit Committee Financial Expertise and Misappropriation of Assets", *Managerial Auditing Journal*, Vol. 25, No. 3, 2010, pp. 208–225.

Myers, Stewart C. and Nicholas S. Majluf, "Corporate Financing and Investment Decisions When Firms Have Information that Investors Do Not Have",

Journal of Financial Economics, Vol. 13, Nol 2, 1984, pp.187-221.

Peress J., "The Media and the Diffusion of Information in Financial Markets: Evidence from Newspaper Strikes", *Journal of Finance*, Vol. 69, No. 5, 2014, pp. 2007-2043.

Rose C., "Can Institutional Investors Fix the Corporate Governance Problem? Some Danish Evidence", *Journal of Management & Governance*, Vol. 11, No. 4, 2007, pp. 405-428.

Sila V., Gonzalez A. and Hagendorff J., "Independent Director Reputation Incentives and Stock Price Informativeness", *Journal of Corporate Finance*, Vol. 47, 2017, pp. 219-235.

Shleifer Andrei. Robert W. Vishny, "A Survey of Corporate Governance", *The Journal of Finance*, Vol. 52, No. 2, 1997, pp.737-783.

Tan J., et al., "An Analysis of the Characteristics of Chinese Listed Companies' Independent Director System", *Frontiers of Business Research in China*, Vol. 1, No. 3, 2007, pp. 456-481.

Williamson, Oliver E., "Markets and Hierarchies: Analysis and Antitrust Implications: A Study of Internal Organization", *The Free Press*, New York, 1975.

Yoshikawa T., Zhu H. Wang P., "National Governance System, Corporate Ownership, and Roles of Outside Directors: A Corporate Governance Bundle Perspective", *Corporate Governance An International Review*, Vol. 22, No. 3, 2014, pp. 252-265.

Yuan N., "A Brief Analysis of the Defects and Countermeasures of the Independent Director System in China", *International Journal of Law and Management*, Vol. 51, No. 4, 2009, pp. 260-267.

Zaman R., Bahadar S., Kayani U. N. and Arslan M., "Role of Media and Independent Directors in Corporate Transparency and Disclosure: Evidence from an Emerging Economy", *Corporate Governance*, Vol. 18, No.

5, 2018, pp. 858–885.

Zeng Y., "Institutional Investors: Arbitrageurs or Rational Trend Chasers", *International Review of Financial Analysis*, Vol. 45, 2016, pp. 240–262.

Zhu C. and Wang L., "Insider trading under trading ban regulation in China's A-share market", *China Journal of Accounting Research*, Vol. 8, No. 3, 2015, pp. 169–191.

索　引

C

D

F

G

H

J

K

L

M

S

W

X

Y

Z

后　记

当我完成摘要的翻译，终于到了写后记的时候，心情和完成博士论文时不一样，没有大功告成的轻松，唯有无限感慨和惶恐。感慨时光荏苒，一转眼进站三年多了；惶恐研究不够深入，论述不够准确。

我选择“大股东违规减持及其治理机制”作为研究对象的原因在于，这几年资本市场动荡，尤其是2015年的股灾，理论界和实务界的声音中不乏有人认为大股东减持是“罪魁祸首”，虽然《公司法》《证券法》对大股东减持行为有明确规定，而且证监会2016年和2017年也相继出台了一系列规范大股东减持的规章制度，但违规减持屡禁不止。原以为法规手段可以有效遏制大股东违规减持行为，实践证明法规监督机制需要与其他内外部治理机制协同运行才能发挥更好的监督作用，同时，其他治理机制作用的发挥更需要法规的支持和约束。因此，我便想到从公司内外部治理机制出发，研究如何规范大股东的减持行为。在研究过程中也遇到一些困难，特别是数据的收集，一些数据需要手工收集，工作量很大，所以共花了两年多的时间才完成本书的撰写。

虽已尽我所能完善书稿，但仍然存在诸多不足之处。本书主要是从经济学和管理学视角探讨大股东减持的规制问题，并未从法学视角探究大股东减持股份的行为是否应该规制。另外，还有很多问题值得探讨：大股东减持股份是中国问题还是世界问题？如果是世界问题，国外是如何规制的？如果只是中国问题，为什么在中国有这个问题？这些问题有待后续研究来回答。在将来的研究中，还可以进一步讨论公司内外部治理机制之间的联动作用，或者探讨如何构建一个联动机制，以最大限度规范大股东减持行为。

吴先聪

2019 年 12 月 18 日

专家推荐表

第九批《中国社会科学博士后文库》专家推荐表 1

《中国社会科学博士后文库》由中国社会科学院与全国博士后管理委员会共同设立，旨在集中推出选题立意高、成果质量高、真正反映当前我国哲学社会科学领域博士后研究最高学术水准的创新成果，充分发挥哲学社会科学优秀博士后科研成果和优秀博士后人才的引领示范作用，让《文库》著作真正成为时代的符号、学术的示范。

推荐专家姓名	赵万一	电　　话	
专业技术职务	教授	研究专长	公司法、证券法
工作单位	西南政法大学民商法学院	行政职务	
推荐成果名称	大股东违规减持及其治理机制研究		
成果作者姓名	吴先聪		

（对书稿的学术创新、理论价值、现实意义、政治理论倾向及是否具有出版价值等方面做出全面评价，并指出其不足之处）

大股东减持行为该不该规制以及如何规制问题是当下需要解决的重要问题。本书稿正好以大股东违规减持行为及其治理机制为研究对象，选题具有很强的应用价值。书稿在分析大股东减持的制度背景和减持现状的基础上，探究了大股东减持行为机理，实证检验了公司内外部治理机制对大股东违规减持的监督作用，并根据实证检验结果对完善公司治理机制以约束大股东违规减持行为提出了对策建议。书稿的主要贡献在于：基于中国情境揭示了大股东减持的前端因素（减持动机），透视其减持过程和后果，检验了目前公司内外部治理机制（机构投资者、独立董事制度、媒体和减持法规）对大股东违规减持是否发挥了约束作用，并根据实证检验结果为完善大股东减持机制提出了对策建议。这些研究成果可以为相关政策制定者提供经验证据。

该书稿选题恰当，具有较强的理论意义和实践意义，理论基础扎实，数据资料翔实，结论可信度较高，逻辑思路清楚，框架结构合理，行文流畅。不足之处在于，书稿主要从经济现象和经济正当性视角研究了限制大股东减持的治理机制并提出了完善治理机制的对策建议，如果能从经济和法理两方面论证是否应该规制以及如何规制大股东减持行为就更全面了。

本书稿观点明确，政治理论导向正确，符合党的方针、政策。

基于以上理由，同意推荐该书出版。

签字：

2019 年 12 月 21 日

说明： 该推荐表须由具有正高级专业技术职务的同行专家填写，并由推荐人亲自签字，一旦推荐，须承担个人信誉责任。如推荐书稿入选《文库》，推荐专家姓名及推荐意见将印入著作。

第九批《中国社会科学博士后文库》专家推荐表 2

《中国社会科学博士后文库》由中国社会科学院与全国博士后管理委员会共同设立，旨在集中推出选题立意高、成果质量高、真正反映当前我国哲学社会科学领域博士后研究最高学术水准的创新成果，充分发挥哲学社会科学优秀博士后科研成果和优秀博士后人才的引领示范作用，让《文库》著作真正成为时代的符号、学术的示范。

推荐专家姓名	刘　斌	电　　话	
专业技术职务	教授	研究专长	公司财务与资本市场
工作单位	重庆大学经济与工商管理学院	行政职务	
推荐成果名称	大股东违规减持及其治理机制研究		
成果作者姓名	吴先聪		

（对书稿的学术创新、理论价值、现实意义、政治理论倾向及是否具有出版价值等方面做出全面评价，并指出其不足之处）

近五年来，大股东减持问题备受理论界和实务界关注，该书稿以此为对象展开研究，其选题具有很强的理论意义和实践意义。书稿聚焦大股东违规减持的约束机制，分别实证检验了机构投资者、独立董事制度、媒体关注以及法律法规对大股东违规减持时机选择、违规减持决策、违规减持比例和数量等行为的影响，还进一步探讨了这些治理机制对不同层次资本市场大股东以及对不同控制权大股东违规减持的约束作用，并根据实证结果提出了完善现有治理机制的对策建议。

此书稿创新性地从公司内外部治理机制出发，首先验证现有制度及政策的作用效果，然后针对机制中存在的问题提出了改进建议。研究结果不仅从理论上丰富了公司治理机制，还为监管者制定规范大股东减持行为的政策措施提供了经验证据。

书稿选题恰当，研究逻辑严密，理论推导合理，数据翔实，论证有理有据，结论符合逻辑，具有很强的可靠性。书稿框架结构合理、完善，行文流畅。不足之处在于：没有深入讨论违规减持对公司内部价值及其持续经营能力的影响，后续的研究可以从这方面展开。

本书稿观点正确，符合党的方针、政策，没有政治思想问题。

综上所述，同意推荐该书出版。

签字：刘斌

2019 年 12 月 21 日

说明：该推荐表须由具有正高级专业技术职务的同行专家填写，并由推荐人亲自签字，一旦推荐，须承担个人信誉责任。如推荐书稿入选《文库》，推荐专家姓名及推荐意见将印入著作。

经济管理出版社
《中国社会科学博士后文库》
成果目录

第一批《中国社会科学博士后文库》（2012 年出版）		
序号	书　名	作　者
1	《“中国式”分权的一个理论探索》	汤玉刚
2	《独立审计信用监管机制研究》	王　慧
3	《对冲基金监管制度研究》	王　刚
4	《公开与透明：国有大企业信息披露制度研究》	郭媛媛
5	《公司转型：中国公司制度改革的新视角》	安青松
6	《基于社会资本视角的创业研究》	刘兴国
7	《金融效率与中国产业发展问题研究》	余　剑
8	《进入方式、内部贸易与外资企业绩效研究》	王进猛
9	《旅游生态位理论、方法与应用研究》	向延平
10	《农村经济管理研究的新视角》	孟　涛
11	《生产性服务业与中国产业结构演变关系的量化研究》	沈家文
12	《提升企业创新能力及其组织绩效研究》	王　涛
13	《体制转轨视角下的企业家精神及其对经济增长的影响》	董　昀
14	《刑事经济性处分研究》	向　燕
15	《中国行业收入差距问题研究》	武　鹏
16	《中国土地法体系构建与制度创新研究》	吴春岐
17	《转型经济条件下中国自然垄断产业的有效竞争研究》	胡德宝

第二批《中国社会科学博士后文库》（2013 年出版）

序号	书　名	作　者
1	《国有大型企业制度改造的理论与实践》	董仕军
2	《后福特制生产方式下的流通组织理论研究》	宋宪萍
3	《基于场景理论的我国城市择居行为及房价空间差异问题研究》	吴　迪
4	《基于能力方法的福利经济学》	汪毅霖
5	《金融发展与企业家创业》	张龙耀
6	《金融危机、影子银行与中国银行业发展研究》	郭春松
7	《经济周期、经济转型与商业银行系统性风险管理》	李关政
8	《境内企业境外上市监管问题研究》	刘　铁
9	《生态维度下土地规划管理及其法制考量》	胡耘通
10	《市场预期、利率期限结构与间接货币政策转型》	李宏瑾
11	《直线幕僚体系、异常管理决策与企业动态能力》	杜长征
12	《中国产业转移的区域福利效应研究》	孙浩进
13	《中国低碳经济发展与低碳金融机制研究》	乔海曙
14	《中国地方政府绩效管理研究》	朱衍强
15	《中国工业经济运行效益分析与评价》	张航燕
16	《中国经济增长：一个“破坏性创造”的内生增长模型》	韩忠亮
17	《中国老年收入保障体系研究》	梅　哲
18	《中国农民工的住房问题研究》	董　昕
19	《中美高管薪酬制度比较研究》	胡　玲
20	《转型与整合：跨国物流集团业务升级战略研究》	杜培枫

第三批《中国社会科学博士后文库》（2014 年出版）		
序号	书　名	作　者
1	《程序正义与人的存在》	朱　丹
2	《高技术服务业外商直接投资对东道国制造业效率影响的研究》	华广敏
3	《国际货币体系多元化与人民币汇率动态研究》	林　楠
4	《基于经常项目失衡的金融危机研究》	匡可可
5	《金融创新与监管及其宏观效应研究》	薛昊旸
6	《金融服务县域经济发展研究》	郭兴平
7	《军事供应链集成》	曾　勇
8	《科技型中小企业金融服务研究》	刘　飞
9	《农村基层医疗卫生机构运行机制研究》	张奎力
10	《农村信贷风险研究》	高雄伟
11	《评级与监管》	武　钰
12	《企业吸收能力与技术创新关系实证研究》	孙　婧
13	《统筹城乡发展背景下的农民工返乡创业研究》	唐　杰
14	《我国购买美国国债策略研究》	王　立
15	《我国行业反垄断和公共行政改革研究》	谢国旺
16	《我国农村剩余劳动力向城镇转移的制度约束研究》	王海全
17	《我国吸引和有效发挥高端人才作用的对策研究》	张　瑾
18	《系统重要性金融机构的识别与监管研究》	钟　震
19	《中国地区经济发展差距与地区生产率差距研究》	李晓萍
20	《中国国有企业对外直接投资的微观效应研究》	常玉春
21	《中国可再生能源决策支持系统中的数据、方法与模型研究》	代春艳
22	《中国劳动力素质提升对产业升级的促进作用分析》	梁泳梅
23	《中国少数民族犯罪及其对策研究》	吴大华
24	《中国西部地区优势产业发展与促进政策》	赵果庆
25	《主权财富基金监管研究》	李　虹
26	《专家对第三人责任论》	周友军

第四批《中国社会科学博士后文库》（2015年出版）		
序号	书　名	作　者
1	《地方政府行为与中国经济波动研究》	李　猛
2	《东亚区域生产网络与全球经济失衡》	刘德伟
3	《互联网金融竞争力研究》	李继尊
4	《开放经济视角下中国环境污染的影响因素分析研究》	谢　锐
5	《矿业权政策性整合法律问题研究》	郗伟明
6	《老年长期照护：制度选择与国际比较》	张盈华
7	《农地征用冲突：形成机理与调适化解机制研究》	孟宏斌
8	《品牌原产地虚假对消费者购买意愿的影响研究》	南剑飞
9	《清朝旗民法律关系研究》	高中华
10	《人口结构与经济增长》	巩勋洲
11	《食用农产品战略供应关系治理研究》	陈　梅
12	《我国低碳发展的激励问题研究》	宋　蕾
13	《我国战略性海洋新兴产业发展政策研究》	仲雯雯
14	《银行集团并表管理与监管问题研究》	毛竹青
15	《中国村镇银行可持续发展研究》	常　戈
16	《中国地方政府规模与结构优化：理论、模型与实证研究》	罗　植
17	《中国服务外包发展战略及政策选择》	霍景东
18	《转变中的美联储》	黄胤英

第五批《中国社会科学博士后文库》（2016 年出版）		
序号	书　名	作　者
1	《财务灵活性对上市公司财务政策的影响机制研究》	张玮婷
2	《财政分权、地方政府行为与经济发展》	杨志宏
3	《城市化进程中的劳动力流动与犯罪：实证研究与公共政策》	陈春良
4	《公司债券融资需求、工具选择和机制设计》	李　湛
5	《互补营销研究》	周　沛
6	《基于拍卖与金融契约的地方政府自行发债机制设计研究》	王治国
7	《经济学能够成为硬科学吗?》	汪毅霖
8	《科学知识网络理论与实践》	吕鹏辉
9	《欧盟社会养老保险开放性协调机制研究》	王美桃
10	《司法体制改革进程中的控权机制研究》	武晓慧
11	《我国商业银行资产管理业务的发展趋势与生态环境研究》	姚　良
12	《异质性企业国际化路径选择研究》	李春顶
13	《中国大学技术转移与知识产权制度关系演进的案例研究》	张　寒
14	《中国垄断性行业的政府管制体系研究》	陈　林

第六批《中国社会科学博士后文库》（2017 年出版）		
序号	书　名	作　者
1	《城市化进程中土地资源配置的效率与平等》	戴媛媛
2	《高技术服务业进口对制造业效率影响研究》	华广敏
3	《环境监管中的“数字减排”困局及其成因机理研究》	董　阳
4	《基于竞争情报的战略联盟关系风险管理研究》	张　超
5	《基于劳动力迁移的城市规模增长研究》	王　宁
6	《金融支持战略性新兴产业发展研究》	余　剑
7	《粮食流通与市场整合——以乾隆时期长江中游为中心的考察》	赵伟洪
8	《文物保护绩效管理研究》	满　莉
9	《我国开放式基金绩效研究》	苏　辛
10	《医疗市场、医疗组织与激励动机研究》	方　燕
11	《中国的影子银行与股票市场：内在关联与作用机理》	李锦成
12	《中国应急预算管理与改革》	陈建华
13	《资本账户开放的金融风险及管理研究》	陈创练
14	《组织超越——企业如何克服组织惰性与实现持续成长》	白景坤

第七批《中国社会科学博士后文库》(2018 年出版)		
序号	书　名	作　者
1	《行为金融视角下的人民币汇率形成机理及最优波动区间研究》	陈　华
2	《设计、制造与互联网“三业”融合创新与制造业转型升级研究》	赖红波
3	《复杂投资行为与资本市场异象——计算实验金融研究》	隆云滔
4	《长期经济增长的趋势与动力研究：国际比较与中国实证》	楠　玉
5	《流动性过剩与宏观资产负债表研究：基于流量存量一致性框架》	邵　宇
6	《绩效视角下我国政府执行力提升研究》	王福波
7	《互联网消费信贷：模式、风险与证券化》	王晋之
8	《农业低碳生产综合评价与技术采用研究——以施肥和保护性耕作为例》	王珊珊
9	《数字金融产业创新发展、传导效应与风险监管研究》	姚　博
10	《“互联网+”时代互联网产业相关市场界定研究》	占　佳
11	《我国面向西南开放的图书馆联盟战略研究》	赵益民
12	《全球价值链背景下中国服务外包产业竞争力测算及溢出效应研究》	朱福林
13	《债务、风险与监管——实体经济债务变化与金融系统性风险监管研究》	朱太辉

第八批《中国社会科学博士后文库》（2019 年出版）		
序号	书　名	作　者
1	《分配正义的实证之维——实证社会选择的中国应用》	汪毅霖
2	《金融网络视角下的系统风险与宏观审慎政策》	贾彦东
3	《基于大数据的人口流动流量、流向新变化研究》	周晓津
4	《我国电力产业成本监管的机制设计——防范规制合谋视角》	杨菲菲
5	《货币政策、债务期限结构与企业投资行为研究》	钟　凯
6	《基层政区改革视野下的社区治理优化路径研究：以上海为例》	熊　竞
7	《大国版图：中国工业化 70 年空间格局演变》	胡　伟
8	《国家审计与预算绩效研究——基于服务国家治理的视角》	谢柳芳
9	《包容型领导对下属创造力的影响机制研究》	古银华
10	《国际传播范式的中国探索与策略重构——基于会展国际传播的研究》	郭　立
11	《唐代东都职官制度研究》	王　苗

第九批《中国社会科学博士后文库》（2020年出版）		
序号	书　名	作　者
1	《中度偏离单位根过程前沿理论研究》	郭刚正
2	《金融监管权“三维配置”体系研究》	钟　震
3	《大股东违规减持及其治理机制研究》	吴先聪
4	《阶段性技术进步细分与技术创新效率随机变动研究》	王必好
5	《养老金融发展及政策支持研究》	娄飞鹏
6	《中等收入转型特征与路径：基于新结构经济学的理论与实证分析》	朱　兰
7	《空间视角下产业平衡充分发展：理论探索与经验分析》	董亚宁
8	《中国城市住房金融化论》	李　嘉
9	《实验宏观经济学的理论框架与政策应用研究》	付婷婷

《中国社会科学博士后文库》征稿通知

为繁荣发展我国哲学社会科学领域博士后事业，打造集中展示哲学社会科学领域博士后优秀研究成果的学术平台，全国博士后管理委员会和中国社会科学院共同设立了《中国社会科学博士后文库》（以下简称《文库》），计划每年在全国范围内择优出版博士后成果。凡入选成果，将由《文库》设立单位予以资助出版，入选者同时将获得全国博士后管理委员会（省部级）颁发的“优秀博士后学术成果”证书。

《文库》现面向全国哲学社会科学领域的博士后科研流动站、工作站及广大博士后，征集代表博士后人员最高学术研究水平的相关学术著作。征稿长期有效，随时投稿，每年集中评选。征稿范围及具体要求参见《文库》征稿函。

联系人：宋　娜

电子邮箱：epostdoctoral@126.com

通讯地址：北京市海淀区北蜂窝 8 号中雅大厦 A 座 11 层经济管理出版社掌尚文化分社

邮编：100038

经济管理出版社